生きる意味を知らずに
大人になったあなたへ

結川 雅

GENTOSHA

はじめに

はじめまして。結川雅《ゆいかわみやび》です。

私は、小さいときの記憶がたくさんある人間なのですが、その中でも2歳〜9歳の記憶がとても鮮明です。

そのときに、本当にさまざまなことを考えては、答えが見つからず、また疑問が湧いては、解決せず……大人がいろいろなことに悩むかのごとく、本当に真剣に自分に向き合っては、悩み、解決の糸口のない日々を悶々と過ごしていました。

そして10代になったころにはそのような悩みを持っていることにも疲れ果ててしまって、外に目が向き、人のための人生を送るようになりました。

学生のうちは、「卒業」というゴールのために、必死に生きがいを見出して生活をしていましたが、社会に出た瞬間にいきなり、卒業というゴールがなくなり、進むべき道を見失った感覚に陥ったのです。

生きる意味を知らずに大人になった私にとっては、人のためになることが一番素晴らしいこと、くらいに思っていましたが、結局そのことは、人の評価を気にする生き方となり、人の為《ため》と書いて偽りと読むように、偽善者的な生き方を余儀なくされました。

しかし、だからといってどう生きていいのかもわからず、途方に暮れていたときに、パラレボ理論に出会いました。「パラレボ」とは、パラダイム・レボリューションの略で「枠組みや価値観の革命」と要約することができます。

地球には、たくさんの枠組みがあり、そのような枠組みが結果、一人ひとりの不自由とリンクしていくのですが、パラレボ理論を学べば学ぶほど、その枠組みを作っているのは自分そのものなのだということをいつも痛感しています。

その枠組みを知り、革命を自分自身の中に起こすために一番大切なことは「生きる目的を知る」ことです。すべてはそこから始まります。

パラレボ理論を学んで8年ほどたったある日、なんの気なしに鏡の前に立って、自分の顔を見たときに、突然、2歳のころの自分の顔が鏡に映ったのです。

今では笑顔が自分のチャームポイントだと思っているくらい、よく大笑いをする私ですが、当時の私の写真は、どれを見ても、笑っている写真がありませんでした。おそらく、さまざまな疑問に対しての解決策が見えず、いろいろと苦悶していたからだと思います。その顔が鏡に映ったのです。

そのときに、このころの私に、真っ先に伝えたいと思ったことは、人生の目的でした。

私は、大泣きしながら鏡の中に映っている2歳のころの私に、当時抱いていた悩みの答えを伝え続けていました。パラレボ理論に出会ったことで、そのころに抱いていた悩みがすべて解決していたからです。そして最後にこう伝えました。

「あなたは、約30年、一生懸命生きて、パラレボ理論という真理に出会い、立派に大人になれましたよ。それも、2歳のあなたがいっぱい悩んでくれたおかげです。いつか、その悩みがすべて晴れる日がきますよ。だから、大丈夫です」と……。

結果、私はその現象を通して、とてもとても強い愛を感じ、パラレボ理論に出会い、生きる目的・意味・意義・価値を知ることができた喜びを強く強く噛みしめたのです。
気づけば、数時間が経っていました。

　そのときに、ふと思いました。2歳の私に、今まで私がパラレボ理論を学んで感じたことを、本にしてプレゼントしたいと。そして、私のように苦悶している若い人たちや、そのまま大人になった人々がいたら、勇気を与えられるようなきっかけを作りたいと。

あくまでも私の経験からお話をさせていただきますが、パラレボ理論は、本当に奥の深い真理ですので、すべてを網羅することは難しいのです。でも、一人でも、二人でも良いのです。2歳の私を通して私自身が解放されたように、私の本を読んでくださった方の中の誰かの心が解放されたらと思い、執筆することにしました。

　この本を読んでくださった方に、そこ知れぬ自分自身の生命力が湧き起こる、そんなきっかけになったらと願いを込めてこの本を贈ります。

結川　雅

生きる意味を知らずに
大人になったあなたへ

目次

第2章 「人生の目的」とは何か

第3章
「意識」を変えれば人生は変わる

第4章
「意識」はインタラクティブ

第5章

「邪心」と「本心」の捉え方

第6章
「愛」を伝える使命

第7章
若者の悩みの実例
――研究会の生徒さんより――

カバーデザイン／萩原弦一郎（256）
本文デザイン・DTP／美創
編集協力／アイ・ティィ・コム

第1章

＊

私も生き方に
悩んで育った

＊子どものころに持った疑問――なぜ自分は自分なのか

子どもから大人になる通過点で、自分の存在価値というものがよくわからないと思ったことがある人は少なくないのではないでしょうか。

学校教育が終わり大人になり、社会に出ると「仕方がない」ということで片付けざるを得ないことも往々にしてあり、若者はそのたびに割り切って生きていこうとします。ところが、割り切ったようでも納得しているわけではないので、心の中の葛藤は続きます。

つまり、「なぜ、このようなことをしなければならないのか」「なぜ、そうしないといけないのか」、矛盾を感じながらも、社会という枠の中でその時代の常識といわれる路線からはみ出すことのできないジレンマが後を絶たないのです。

実は、私自身も大学卒業後、社会に出て納得がいかないことに対して、かなりの葛藤があり、とうとう身体を壊してしまった経験があります。

私は小学生のころから、「どうして自分は生きているのか」という疑問を抱いていたことを鮮明に覚えています。子どものときは遊ぶのが忙しくて、そのようなことはまったく考えたことなどないという人からは驚かれることもあります。

親はもちろんのこと、他の大人に質問しても、大人なりの答えは返ってくるのですが、子どもの私が納得できる答えは何もありませんでした。

小学生のころよりもっと幼いころのことですが、私は母に「どうして呼吸してるの？」と聞いたことがあります。なんでも知りたがる幼い子どもの質問といえばそれまでですが、そのころの私にしてみれば素朴な疑問でもあり、また重大事ともいえることだったのです。

なぜなら、人と話したり、食事をしたりしているときなど普通に生活しているときは、呼吸をしていることなど、まったく意識していませんからわかりません。

でも、自分が眠るとき、周囲も静かで急に自分が呼吸していることに気づかされます。みんなが呼吸をしていると思っていなかった私は、一生懸命に呼吸を止めようとしたのです。

人と話しているとき、相手を見ていて呼吸をしているという感覚がまるでなかったので、自分だけが呼吸をしていて、変なことをしているのではないかと思ったのです。

このことは、1年間ほど親にも相談できませんでした。というより、なぜ呼吸しているのだろうということを聞けずにいた自分に気づいたときは、疑問に思ってからすでに1年が経っていました。

自分の呼吸が気になって眠れず、布団から出て、まだ起きて家事の続きをしている母のところへ行って、「私だけ、ハアハアってやっちゃうのだけど、これって変だよね？」と聞きました。すると、母は「あなたは一体何をしているの！　呼吸はちゃんとしなさい」と言いました。

そのとき、「みんな呼吸しているんだ！」と初めて知って、それからは不思議に思うことが少なくなりました。

子どものころのおかしな話はまだあります。

「私はなぜ、私なのだろう？」と思い始めたのです。子どものことですから、きっかけは単純で、「あの子がうらやましいな」とか、「男の子は女の子をいじめるけど、男の子ってどういう気持ちなんだろう。男の子になればわかるだろうけど、どうして私は男の子になれないのかしら」とかいったことからでした。

こんなことを登校中にずーっと考えていたのです。

私は現在、母である神代《かみしろ》ゆうが創設したセルフ・ヒーリング実践研究会の会社を継いでいますが、その母とて宇場稔先生が提唱されているパラレボ理論（パラダイム・レボリューション理論）に出会ってから変化していったのです。

それまで、母も私と同じように「人生の目的」に対して納得できる答えを探して、あらゆる宗教や精神世界の研究などさまざまなところを行脚していました。

母自身も、いろいろな苦悩があったがゆえに、「何のために生きているのだろう？」という問いに対する答えをどうしても見つけたかったからだと思います。

母と宇場先生との出会いがあったのは、私が高校生のときでした。

＊社会に出てからの挫折

子どものころ疑問に思ったことは、当時は真剣に不思議だと思っていました。地球には果てがあるけれど、宇宙に果てはあるのだろうかと、小さいときから考えていました。子どもながらに、こんなことを大人に聞いても誰も答えてはくれないだろうと思っていたので、質問もできずにいました。

しかし、ありがたいことに、大人になってパラレボに出会い、全部の謎が解けたことは、すべて母のおかげで、今はそのことにとても感謝をしています。

母が宇場先生に出会ったときは、まだセルフ・ヒーリング実践研究会の教室もなく、宇場先生の本も出版されていませんでした。ですので、母は宇場先生から教えてもらったパラレボの真理を、私に口頭で教えてくれていたのです。

母が教室を開設することになって、宇場先生も『逆説の真理が運命を拓く　宇宙の法則』（セルフ・ヒーリング実践研究会）を出版されたころ、一生懸命に勉強している母の姿を見ていましたが、それまでも母はさまざまな勉強をしたり、興味のある人に会いに行ったりしていたので、その一環くらいにしか私は思っていませんでした。

私が社会人になって悩み続けた末に身体を壊してしまったときは、母としてはタイミングが来たと、おそらく思っていたのではないかと思います。

そのころから、母は私にパラレボのお話を語ってくれるようになり、これが私にとって一番大きなTPO（T←time＝時、P←place＝場所、O←occasion＝場合・状況）となったのです。

私は大学を卒業し、大手旅行会社に入社しました。サービス業に就きたいという希望はあったので、職種としては希望通りでしたが、もともと入りたい会社ではありませんでした。

おおまかな希望だったサービス業でしたが、思い描いていたイメージと全然違っていました。

サービス業だからこそ、社内でも皆思いやりを持って、お互いがホスピタリティの精神で関わっているのかと思いきや、不平不満を持った先輩が多かったということがとてもメンタルギャップとしてありました。

自分の思い通りにいかないことから激しく葛藤が生まれ、精神的にも肉体的にもバランスがとりづらくなっていきました。

大学生までは、とにかく目標を掲げて懸命に努力するというのが私の生き方でした。

例えば、小学校のときは、鼓笛隊（マーチングバンド）の一番先頭でバトンを持って指揮するドラムメジャーになりたいと思い、ずっとそれになるための努力をする。それになれたらコンプリートという具合でした。

そして、中高一貫の私立の中学に入りました。入試の際、初めは不合格で繰り上げ補欠になり、その後、繰り上げ合格で入学したので、母から「あなたは学年でビリっけつだから相当頑張らないといけないよ」と言われて、「絶対に一番で卒業しよう！」と心に誓いました。中学生ながら、これが親孝行になるのではないかと思っていたのです。

中高を一番で卒業するという目標をコンプリート、大学に行っても目標を決めてコンプリート、そういう段階ごとに「目標→実践→コンプリート」という自分のやり方がありました。

ところが、社会に出ると学生のころのように簡単ではありません。さらに、私はずっと女子校でしたので、会社の法人営業部に配属されたとき、男性社員が圧倒的に多く、カルチャーショックを受けました。

その上、人材育成制度における助言者、相談相手といわれる、いわゆるメンターという位置づけの人もおらず、男性社員ばかりの中では、こういう人になりたいという目標とすべき人も見つかりませんでした。

仕事においても、メンタルを支えていくにも、向かっていく方向がわからなくなっていました。

＊「感謝で終わりなさい」という母の教え

「この会社で自分自身が学ぶこととは何なのだろう？」と、身体を壊したときにずいぶん考えました。そして、「もう会社は辞めよう」と思いました。

そのころ、ちょうど母もパラレボ理論を学んでいたので、「辞めるなら、感謝で終わりなさい。そうでないと、次に行ったところでも、やはり不平不満でスタートするわよ。なぜなら、終わりと初めはイコールだから」と、ずっと母に言われていました。

母の言葉を受けて、今、仕事を辞めたら、私は感謝で終わることができるのか、ということを考えたとき、絶対に終われないと思いました。

当時、とてもよくしてくださった上司がいて、復帰してからも、しばらく時短で勤務させていただいていました。その間、自分なりに感謝で終われるように何度も努力しましたが、なかなかそれができませんでした。

それでも、上司にとてもよくしていただいたので、「恩返しをせずには辞められない」と思うようになったのです。

すぐに仕事でお返しができればいいのですが、当時の半人前の私は、仕事を覚えるのに必死だったので、この会社で得ることというのが一体なんなのか、自分の中でまだ見出すことができませんでした。私の性格上、仕方なく仕事をするということが難しかったのです。

そこで、「目標をつくって上司に恩返しをしよう」と決めたのです。

目標とは、とにかくホスピタリティを持って、営業マンの痒いところに手が届くサポートに徹しよう！　ということでした。そして、それが結果として、上司の力になれるのではないかと感じていたのです。

何としてでも恩返しがしたいという動機で約5年、その方の下で働くことができました。動機がネガティブではなく、ポジティブだったのも、頑張れる要因だったと思います。

ところが、人事異動があり、上司に恩返しができないまま、一緒に仕事ができなくなってしまいました。目標が宙に浮いたようになったまま、1年頑張りましたが、やはり、自分で納得できるものは何も生み出すことはできませんでした。

そのときに、ふと自分自身が今までどんな心持ちで仕事に向き合ってこられたのかを振り返ってみました。結果として、会社に対しても、仕事に対しても、周りの人々に対しても感謝することができるようになっていました。それは言うまでもなく、その上司との出会いがあればこその成長でした。

そして、何よりも、成長できたと自分を認めることができたので、会社を辞めようと決意することができたのでした。

＊理想の女性像である母の支えに感謝

２０１１年の12月に母が倒れました。そのとき私はまだ、前述した会社に在籍中でしたが、母のもとでサポートしたいという気持ちもあり、この会社で得るものはもうないのではないかと思うようになりました。それなら、感謝で終われるのはここがTPOのような気がしましたので、私は退社することに決めました。

結局、７年弱会社に在籍しました。

その間、母から「人生の目的」という話も聞いていましたが、自分が身体を壊したことによって、自分のそのときの状況を理解できたということは、ものすごく大きな経験と学びになったと思います。

そのときの母のアドバイスは、私の心に刺さるものが多くありました。

「あなたは１００人いたら１００人に好かれなきゃいけないと思っているでしょう？でも、１００人いたら50人はあなたのこと嫌いなのよ。50人はあなたのことがいいと思ってくれるけど、50人はあなたのことを嫌いな人たちなの」

なるほどと思いました。私はどんな人にもいい顔をしようと思っているから、意識がどんどん外に行ってしまい、自分に意識がいかなかったのです。

自分の人生なのに、自分が何をしたいのかがよくわからない。でも、人に何を求められているのかはわかる。だから求められていることをしてしまう。でも、それが自分の本意かといえば、不本意な部分もたくさんある。

そんなところが、心と体のバランスがなかなか取れない、ぎくしゃくとした日々を送っていた原因だったのだろうと、今振り返るとよくわかります。


母は私にとって理想の女性像で、小さいときから、母のようになりたいと思っていました。母が人生について苦悩している姿をよく見ていた私は、母を支えたいという思いが幼少期のころからあったので、母の言うことを聞くことが母に対しての恩を返すことになると思っていました。

今から思えば、自分が母を助けようとしながらも、実は、私は母に非常に助けられていたことに感謝しています。

雰囲気としては、母と私は友達のような関係だったと思います。母は私に、「娘とお母さんは友達感覚になれると一番いいよね」と、よく言っていました。

＊大好きだった父のこと

私が2歳から小学校2年生まで、父は仕事で単身赴任をしなければならなくなりました。約6年間、父とは一緒に暮らしていないことになりますが、私には2歳のころの記憶が鮮明に残っていて、父のことが大好きで、ものすごいパパっ子でした。父が単身赴任先へ行ってしまうときも、「嫌だ、行かないで」と、わんわん泣いて父を困らせたことを今でもはっきりと覚えています。

父は非常に忙しい仕事をしていたので、年末年始くらいしか帰ってこられませんでしたが、毎年ホワイトデーには母と私に花束とぬいぐるみを贈ってくれました。

ところが、普通なら親と子どもが最もコミュニケーションを多く取る時期に父がいなかったため、単身赴任が終わって戻ってきたころには、大好きだった父に対して恥ずかしい気持ちが出てきてしまい、少し遠慮がちになりました。

そんな環境から、わが家は母が大黒柱のような存在で、母とのコミュニケーションが非常に密でした。そのような理由で、私はとても母に対して恩を感じているところが大きいのかもしれません。

＊女性は自立すべきという母の教え

母は、日頃父がいないということから、子どもたちを守らなければいけないという意識が非常に強い人でした。そんな母を助けたいという意識は子どもの私にも強くありました。

例えば、母は4人きょうだいの末っ子でしたが、親戚で集まるといつもいじられキャラでした。きょうだいの中でいじられているだけでも、小さかった子どもである私の目から見ると、母がいじめられているように見えたのでした。

「ママのこといじめないで！」と、しょっちゅう言っていたことを覚えています。

また、父方の親戚の家に行くと、祖母が母の名前をよく間違えるので、私がすぐに訂正していました。

常に、母のことを守らなきゃいけないという意識が強くあったのでした。

ですから、母のことはいつも注意して観察するようになりました。

朝、「今日はお母さん、元気がないなあ〜」と思ったら冗談を言ってふざけてみせて、「お母さん、今日は元気があるんだな」と思ったら、「良かった。今日は安心して学校に行ける」という調子です。

母のことを観察することが身についていた私は、夜な夜な母が一生懸命に勉強している姿を見ていました。子どもたちが寝静まったあとに、たくさんの本を読んでいました。本のジャンルは精神世界だけにとどまらず、あらゆる分野にわたり、百人一首を覚えていることもありました。

そんな母の姿を見て、母はものすごく努力する人なのだ、と子どもながらに思った記憶があります。

日本には、女性が結婚すると、家内とか、女房とか、男性を支える、裏で家を守るというような言葉や表現があります。それは日本の文化でもあり、大切な部分でもあるのですが、どのようなことが起きても、自分自身だけで生きていけるような自立した女性にならなければならない――。今振り返ると、母はそのような思いから、ものすごく勉強を始めたのではないかと思います。

宇場先生にお会いしたころから、母は、「とにかく、女性は自立しなきゃ駄目だ」ということをよく口にしていました。宇場先生の著書にもたくさん書いてあります。でも、働くためには知識がなければならないと思い、本をたくさん読んでいたのだと思いますし、資格も取ろうとしていました。アーティスティックなところのある母でしたので、ファッションに対しても豊かな感覚を持っていました。ですから、カラーコーディネーターの資格を取るために勉強していたこともあり、また、英語の勉強もしていました。

小さいころ、「あなたはお父さんの賢いところが備わっててよかった。お父さんから受け継いだものだから感謝しなさい」と、母からよく言われていました。

父は厳格な父親のもとに育ったので、非常に勉強家でした。私は勉強するのがすごく好きというほどではありませんが、嫌いでもなく、努力はできるタイプなので、母は私のそんな性質を見て父親譲りのところがあると思っていたのだと思います。

そのような両親の後ろ姿を見ていたので、幼いころからコツコツと努力をすることの大切さを感じて育ちました。私の心の形に、とても大きく影響しており、そのような後ろ姿を見せてくれた両親には、とても感謝しています。

第2章

「人生の目的」とは何か

＊「人生の目的」を知りたい若者が集まってきた！

箱根に「きらく庵」という当研究会の研修施設があります。２０１８年の9月から12月まで毎月1回、その場所で、若い人たちと「人生の目的」について話そうというカリキュラムを行いました。

「人生の目的について聴きませんか？」という声かけに興味を持った若い人が、毎回参加してくださいました。

彼らに、「今日はどうして来てくれたの？」と聞くと、みな一様に「自分がなんで生きているのかわからないから」と答えます。

昔の若い人たちと比べると、今の若い人たちは無欲な人たちが多いようです。なぜなのか聞いてみると、「何のために生きているかがわからないから、何をしていいかがわからない」ということでした。

戦後、物のない時代を物によって豊かにしようとしてきた先人たちは、それなりに目標を持って便利な世の中を創造することに成功し、私たちもその恩恵を受けていますが、物のあふれる時代となった現代、日々の生活は、戦後の明日をも知れぬ困窮とは無縁の世の中となっています。そのせいか、若い人たちは、自分というものが生きていること自体に、また内面的な心に、不可思議さを感じているのでしょう。

それは男女を問いません。学生も社会人もいます。初めは女子が多かったのですが、ヤング校に在籍しているのは男子のほうが多いくらいです。

まだ学び始めて半年に満たない方もいるのですが、月に一度の宇場先生の講演会も面白いといって、頑張ってアルバイトでお金を稼いで聴講したいという意気込みです。

彼らはみなSNSの掲示板でセルフ・ヒーリング実践研究会を知ってやってきました。いわば、口コミで集まってきてくれたのです。共通点は、「人生の目的とは何か」というテーマにヒットしてくれた人たちです。

＊一人ひとりにフィットするイメージと説き方と

若い人たちと、どのような対話をしているのか、ご説明しましょう。

都内の大学に通うために地方から上京してきた女の子がいます。当研究会へ来たときは上京してまだ半年くらいしか経っていませんでした。SNSで知って、箱根のきらく庵に来てくれたのですが、やはり最初はかなり緊張している様子でした。

でも、「人生の目的」を知りたいという意気込みは、彼女に最初に出会ったときから非常に強く伝わってきたのでした。私が「人生の目的」を話せば話すほど、前のめりになってきて、彼女の目がキラキラ輝いてくるのです。私の話が終わった後に、彼女は「自分自身が思っていたこととまったく同じでした」と言いました。

つまり、彼女は幼少期から自分が生きていることについて、ああなのかな、こうなのかなと考え続けて、私の子どものころの呼吸に対する疑問のように、素朴な疑問をたくさん持っていたようなのです。さらに、「今日は自分の疑問に対する答えの〝答え合わせ〟ができました」と言いました。

実は、このカリキュラムに参加してくださった方のほとんどが「答え合わせができた」と言うのです。

私が生徒さんたちと向き合うときに注意していることは、話を聞かなくても、その人がどういうテイストなのかを感じとることです。

でも、初対面では普通、誰もが緊張しているので、私に会う前にスタッフの方たちに、緊張をほぐす意味で〝心を耕す〟ようなアクティビティをしてもらいます。

どのような食べ物が好きかとか、当たり障りのない会話をしてもらうわけです。すると、心がほぐれていくと同時に、顔の表情もやわらかくなってきて、少しずつ本音をぽろぽろと話してくれるようになります。

「どうしてここに来てくれたの？」と聞くと、

「ずっと悩んでいたからです。自分が何のために生きているのかわからなくて」

このように答える人が、「人生の目的」というテーマにヒットしてくださったということです。

　では、私がどのように彼らに話していくのかをお話しします。

　生きとし生けるものには必ず「生と死」があります。とくに、人間に限ってお話しすると、人生というのは、人が生きると書いて人生――。その人生というのは、どこからどこまでのことかというと、おぎゃあと生まれてから息を引き取って死ぬまでをいっています。

　では、この期間に私たちは何をしているのでしょうか？

　また、おぎゃあと生まれてくる、その前はどこにいたのでしょうか？

　コウノトリが連れてきたという人もいなければ、桃太郎のように川を流れてきた人もいないでしょう。みんなお母さんから生まれてきているのです。

　すると皆、それは確かにそうだとうなずきます。

「では、生まれてくる前はどこにいたのでしょうか？」と聞くと、みんな、お母さんのお腹の中に約40週いたといいます。

では、「お母さんのお腹の中で約40週の間、何をしていたのでしょうか?」と質問していきます。他にも、

「『死ぬ』とは、どういうことでしょうか?」と聞いてみると、

「魂が抜けた状態です」などと答えてくれます。

「では、その魂はどこへ行ってしまうの?」などと、どんどん質問を投げかけていくと、今どきの若者の特徴が見えてきます。

今の日本では、若いころに近親者の死に立ち会った経験がない人が多く、「死」というものについて真剣に考えてみることもなかったので、あまり心に響く言葉ではない人もいるのです。

それでも、小さいときに金魚を飼っていたとか、小鳥を飼っていた、犬や猫など動物を飼っていたという人は、人間でなくても死というものを見てきているので、私も彼らと同じ目線で死について聞いたり話したりするようにしています。

一方的に私から話すのも人によってはいいかもしれませんが、常に若い人たちの何かを引き出したいと思っているので、コミュニケーションを取りながらやっていきた

いと思っています。説明の仕方も、その人の特徴をつかんで、その人にフィットするように話せたらいいと思っているのです。

例えば、感覚的な表現の多い女の子の場合は、言葉の表現というよりイメージで話すとすごく興味を持ってくれたりします。

また、この人はとても理知的でロジックな人だなと思ったら、少し知的な方向から話をもっていったほうが心を開いてくれます。

*「愛するとは何か」を伝えていく役割と責任

ヤング校では他の教室と違って、毎回テーマやカリキュラムが決まっていません。その日に来ている生徒さんたちの心の中に持っているものを私なりに感じるので、そこを理解してから授業を始めることにしています。

また、毎回毎回、必ず心がけていることがあります。

それは、愛とは何かを主軸に、自分という唯一無二の存在を大切にしてもらえるような話を展開していくということです。

どんな人にでも必ずキラッと光るすてきな個性があります。ただ、本人がそれに気がついていないため、自分自身の悪い面ばかりを意識して、どうしても劣等感に陥ってしまっている場合があります。

この地球でも、宇宙でも、必ずバランスを取ろうとする宇宙の法則が存在します。これは地球に存在する人間にも働く法則です。私たちは、真逆の存在があるからこそ物事を認識することができます。

例えば、「男性」を認識することができるのは、「女性」が存在しているからです。「朝」を認識できるのは「夜」が存在しているからです。「明るい」が認識できるのは、「暗い」が存在しているからです。この世の中に男性しかいなければ、男性を男性と認識することはできません。そもそも、男性という概念が存在することができないのです。

自己否定がある子は、周囲と比較をして、自分の欠点ばかりに意識を向けてしまっているわけです。先述したように、人間は必ず何かを認識するときに、真逆の物の存在があってこそ、物事を認識しているとお伝えしました。つまり、欠点しか持っていないという人は、この世の中には存在していないのです。ですので「自分にはこういういいところもあるのか！」と、この法則をお伝えすることで、洗脳ではなく、自分で自分の良いところに気がつけるような環境作りをしたいと思っています。

周囲で一緒に学んでいる若い人たちに協力してもらって、「おまえ、こんないいところがあるじゃないか」「あなたはこんなすてきな笑顔を持っているじゃないの」という具合に、けっして褒めちぎり合うのではなく、本人が気づくきっかけ作りをしたいと思っています。

人はみんな人生のうちにたくさんの人とのコミュニケーションを図りますが、99パーセントの人が「愛されたい」と思っています。しかし、皮肉にもその結果は、どんどん愛を奪い合い、これが世界規模の戦争にまで発展していきます。

「愛する」とはどういうことかと言いますと「理解して、許すこと」と話をしています。私たちはコミュニケーションの中で、常に相手に「理解されたい、許されたい、評価されたい、認めてもらいたい、愛されたい」と思っていることがほとんどです。

でも、もし「理解されたい、許されたい、評価されたい、認めてもらいたい、愛されたい」と、愛を奪い合うのではなく、真逆の、相手を「理解したい、許したい、評価したい、認めたい」つまり「愛したい」と愛を与えることだけに徹して生き、与えて、与えて、与えて、見返りを求めずに「与えたことは忘れる」という姿勢を貫けば、個人同士が与え合うわけですから、個人の集合体によって構成されている国同士も与え合うようになりますので、戦争など、起こるはずがないのです。

例えば、ある人に誕生日のプレゼントを差し上げました。すると、その人は「こんなの要らないわ」と言って、ごみ箱にそのプレゼントを捨てたとします。自分は〝プレゼントをした〟というところで終止符を打つことによって、そのような状況を見たとしても、プレゼントをしたという事実を自分が実感することさえできればそれでいいのです。そのくらい、〝見返りを求めずに与える〟という行動は崇高なのです。

この目には見えない、形にはない無形の「愛」というものが何なのか——。このことを伝えていくことが、私の役割と責任だと思っています。

＊「愛される感覚」より「愛する感覚」を大切に

１００人いたら１００通りの考え方があります。なぜこんなにも考え方が違うのかというと、一人ひとりの個性が違うからです。でも、人間は、この世的な価値観での正解が良いこと、不正解は間違っていることと認識しがちですので、できる限り自分を無視して、自分に嘘をついて、世間が言う正解に近づけることを努力してしまいます。

それが当たり前と思っている大人たちが作っている社会の規則によって、どんどんと個性を無視し続けることで、自分を見失ってしまうのです。そうならないためにも、まずは自分が日頃、どんなところに意識を使い、心を使って生きているのか、今日一日だけでも振り返ってくださいと、お話をしています。

結局、人が愛を求め合ってしまうのは、自分自身の心に愛の充電が足りないからなのです。その充電を貯めるために、相手から愛を奪おうとしてしまいます。でも、本当にその人から愛されているかどうかということは、どう頑張っても確認することができません。

なぜなら、相手が何を考え、何を思っているかは、相手にしかわからないからです。おそらく、読者の方にも、思っていることを隠して、相手に思ってもいない嘘を伝えたということが、一度や二度あるはずです。ですので、本当のところ、相手から愛をもらっているのか、認識をするということは永遠に不可能なことなのです。

愛を自身に充電するためには、まずは自分自身が人にしてもらいたいことを、相手に手向けることで感じることのできる「愛する感覚」を大切にすることだと感じています。そして、実は、相手を理解し、愛する努力を積み重ねていくことは、結果、自分を理解し、愛していることになるのです。

なぜならば、その行動をすることで一番愛を実感することができるのは、相手ではなく、自分自身だからなのです。これは、先ほど言った、相手から愛されているかどうかは、永遠に知る由もないということに通じていて、愛しているということは、自分にしかわからないということになります。

そして、最終的には、自分自身の意識がどのように意識されているかということが一番大事です。それはなぜかと言いますと、人間は、無意識では常に外にばかり意識が向いてしまうように体が作られているからです。

先述したように、愛は目には見えず心で感じていくものですので、自分の意識が無意識で、体を使って外に向かっているということは、見えない心には意識が何もないという状態ですから、自分自身の心の中に愛を生み貯蓄することはできません。

例えば、自分の部屋の中に存在しているものでも、意識をしたら存在を確認することができても、意識をしなければ存在することさえできないということと一緒なのです。それと同じで、自分の中にあるチャーム（魅力）も、ウィークポイント（弱点）も、意識すればあるのですが、意識しなければない――。

このことを最重要視して、大切にお話を進めるようにしています。

若い人たちは、「意識」というワードに非常に興味を持ってくれます。「なんだ、自分の意識でどうにでも人生を変えられるのだ」と、安堵と自信が生まれるようです。

なぜならば、意識という存在は、一人ひとりに平等に与えられている唯一自由そのものの存在だからです。この自由な意識を不自由にしてしまっているのも実は自分自身であり、だからこそ、自由な存在にすることができるのも自分自身なのです。

ですから、この意識という存在は、これからのお話を進めるにあたり、大変重要な存在になりますので「意識＝自由」ということを念頭に置きながら読み進めてください。

さて、これからのお話をより理解していただきやすくするために、基本的なことを次からご説明していくことにします。

＊モノの存在目的

この世の中に存在するモノで、目的もなく存在しているものは何一つとしてありません。

例えば、今、あなたが手に取ってくれているこの本も、私の想いを伝える目的として存在しています。この本を構成してくれている紙は、文字を写すという目的のために存在しています。

あなたが毎日履いている靴でも、あなたの足を守って歩きやすくするために存在しています。あなたが毎日寝る前に入るお風呂も、そのときに使うお水も、三度のご飯も……、全部、存在している目的を私たちは理解した上で使ったり食べたりしています。

でも、その目的を理解しないで使ったら大変なことになります。

例えば、あなたの履いているその靴を、ご飯を食べるテーブルに置いていたら、お母さんが突然、怒り出して、「玄関に置いてきなさい！」と叱られてしまうと思います。

それは、靴としての存在目的を理解していないからです。靴は外を歩くときに使うもので、ご飯を食べるテーブルに置いていたら、靴としての目的を理解していないわけですから、靴の存在価値を見出してあげていないというわけです。

ペンは書くために存在しているのに、そのペンが学校の校庭に転がっていたところで、紙を用意しないことには、すぐにはペンとしての存在目的を発揮できません。

私たちは、毎日生活している中で、いろいろなモノに助けられて生きていますが、そのモノの存在目的を理解していなければ、正しく使うことができず、そのモノとしての存在意味や存在意義や存在価値を見出すことができません。

繰り返しますが、この世の中に目的なく、自分のためだけに存在しているものは、何一つとしてありません。それは、今、説明したものだけでなく、実は私たち人間だってそうなのです。

でも、先ほどお伝えした通り、そのモノの存在目的を理解していないと、ペンでさえ存在する意味や価値を発揮することはできません。

となると、人間が人間として存在している目的を理解していないということは、私たちは「生きている意味と意義と価値がない」ということになります。

人間が把握しているこの世の中に存在しているモノの中で、人間が一番、自分たち人間自身の存在目的を知らないで生きています。人間が一番、自分の欲のために生き、エゴイズムに暮らして、いろいろな物が自分のために存在していることが当たり前だと思っているのではないでしょうか。こんな不幸でエゴイズムなことがあっていいのでしょうか。

では、一体何が人間として存在している目的になるのかを、少しずつお伝えします。前述もしたように、どのような人間でも、全員共通していること、それは必ず誰でもお母さんから生まれて、そしていつか死が訪れるということです。

性別が違っても、国籍が違っても、人間全員に共通して起きることです。

この地球に生まれてくる前に、どんな人間も必ずあるところで過ごします。これも、人間全員に共通していることです。それは初対面の生徒さんに質問したお話のところでも出てきたお母さんのお腹の中です。全員、生まれてくる前は、お母さんの子宮の中で約40週を過ごします。では、この子宮生活には、果たしてどんな目的があるのでしょうか。

＊子宮生活の意味

お母さんのお腹の中では、主に、この地球で生活するために必要な肉体を作ります。

最初は、0・1ミリくらいのタツノオトシゴのような格好から始まり、2カ月目くらいでようやくサクランボ1個分くらいの大きさまで成長します。

そのあと、心臓が完成し、足がしっかりできたり、髪の毛や爪が生えてきたりして、少しずつ人間らしい格好になり、やがて、約40週かけて2000〜3000グラム前後まで大きくなります。

その間に、唯一、お母さんと赤ちゃんをつなぐへその緒を通して、赤ちゃんは酸素や栄養をもらって過ごしていきます。お腹の中では呼吸はしませんので、肺は必要ありません。歩く必要もないので、足も必要ありません。誰かと会話する必要もないので、口も要らなければ、目も必要ないのです。

子宮生活の役割は、地球に生まれ出たときに必要な肉体を作ることが目的であって、子宮生活のために存在しているわけではないのです。ということは、地球生活も地球生活のために存在していないということがわかります。

では、あなたにとって、地球生活はどのようなことをする場所だと思っていますか？

はたまた、死について考えたことはありますか？

私は、人生の目的を知るまで、「死ぬ」とはどういうことなのか不思議な感覚でした。

一般的にいえば、人間の寿命は大体70歳～90歳です。今の時代、医療が発達しているので、１００歳くらいまで元気な方もいます。最近では、政府も人生１００年時代と考え直して今後の政策を決めていく姿勢がみられます。

ですから、10代でいつか自分は死ぬかもしれないなんて、実感したことはありませんでした。

でも、自分の周りの人の「死」を目の当たりにしたときに、「一体、死とはなんだろう？　死んだらどうなるのだろう？」と考えるようになったのです。

＊「死ぬ」とは一体どういうことなのか

私が小学校2年生のときに、母の友人が癌《がん》で亡くなりました。母が電話でその知らせを聞いて驚いているのを、私はその隣で母の顔を見ていて何事かとびっくりしたのを覚えています。

ついこの前まですてきな笑顔でお話をしてくれたおばさまが、いきなり亡くなるなんて、なんだかとても不思議に思いました。死に目に会うことはできなかったけれど、いまだにあのときの不思議な感覚を覚えています。本当に不思議な感覚だったのです。

もう、会うことはできないのに、自分の心の中にはそのおばさまが存在していて、会おうと思えば会えるのに、肉体がないから、実際は会えない。という、摩訶不思議な感覚です。そして悲しい感覚にもなるけれど、なぜ人は悲しくなるのか？　といった、2つの感覚がありました。

そのとき、初めて「人は死んだらどこに行くのだろう？」と疑問に思いました。

それから10年以上の月日が過ぎた、蒸し暑い初夏の金曜日に、伯母が病気で亡くなりました。私が生まれたとき、すでに母方の祖母がいなかった私にとって、母と歳の離れた伯母はおばあちゃんのような感覚でした。とてもかわいがってもらっていましたので、他界したとき、それはそれは大変なショックで、涙が涸れるまで大泣きをしました。

伯母は癌を患って闘病生活をしばらく送っていましたので、何度かお見舞いに行きましたが、当時、社会人になりたての私は、少し伯母の病院から足が遠のいていました。「あー、やっと明日おばちゃんの病院に行ける！　おばちゃんに会える！　楽しみだなあー」と思っていた矢先に伯母は息を引き取りました。

まだ、60歳を過ぎたばかりの早い死でしたので、こんなに早く亡くなるとは思っておらず、「どうして私は会社を休んでお見舞いに行かなかったのだろう」と、ものすごく後悔しました。

そして、このとき、「人は、いつ死ぬかわからない。明日がくるという保証はどこにもない」ということを初めて思い知らされました。

その1年後、唯一存命だった父方の祖母が亡くなりました。米寿を迎え大往生を遂げた祖母は、私にとって、とてもとても大切な存在でした。

学校行事でどこかに宿泊したり、家族で旅行に行くときには、必ず祖母にお土産を買っていきました。祖母にとっても、私が初孫でしたので、家も近いことから本当によくかわいがってもらいました。

そんな祖母も永遠に生きていることはできないわけで、人間の平均寿命を全うして帰らぬ人となりました。そのとき初めて火葬場に行きました。祖母が骨となって出てきて納骨するまで、ずっと考えていました。

「一体全体、肉体ってなんなのだろう？　私にもこういう最期の日がいつかやってくるんだ。一生懸命生きても、こういう最期なんだ」と思っていたのです。

あなたは今まで、自分の身近な人の死に向き合ったという経験はありますか？

それから、しばらくして、私は入社したてのストレスなどから身体を壊して、しばらく休職することになりました。

それがきっかけで人生の目的を知ることになるのでした。

*「人生の目的」とは

身体を壊した私は人生についてたくさん考えていました。何人かの身近な人の死を通して、また、自分自身の人生を振り返ったりしながら、人生とはなんなのだろうと、答えを模索していたのです。

そもそも、どうして私が身体を壊したかというと、大人の社会という現実に面食らってしまったからでした。大学生のころの私は、社会に出てからのたくさんの夢と希望を持って就職していたので、社会人になることに対して、キラキラした目標がたくさんありました。

人に喜びや幸せを提供できるサービス業に就きたいと思っていたのです。そうすることで、人と人との心の結びつきを作れるような大人になりたいと感じていました。

でも、夢と現実は違うとはよく言ったもので、まさしく私も社会人として、大人としての「常識」という洗礼を受けることになりました。

そのとき、思ったのです。「もう割り切るしかない。仕方ないのだから」。このとき、初めて「仕方ない」という言葉を使った気がします。

でも、それと同時に、まだ自分の夢や想いを捨てきれない自分もいました。その葛藤の中で、私は身体を壊してしまったのだと、今では感じています。

もがき苦しんでいるとき、私よりも一足早く「人生の目的」を知り、そのために生きている母が、私に「人生の目的」を教えてくれました。

「地球生活は、死んだ後の魂の世界へ行くための準備期間なんだよ。地球星というのは、大きな宇宙の中では牢獄の星なの。そしてね、魂の世界とは何かというと、肉体のない世界のことで、どんな世界に行くかというと、この人生でどんな人生を歩んできて、そして、死ぬ瞬間にどんな心情で死ぬかで、その人その人で行く魂の世界が違うんだよ。

そのために、毎日の生活の中で自分の心を育てていくこと。これが一番大切。あなたは100人いたら、100人に好かれるために、人の為と書いて〝偽り〟の人生を送っているから、そんな人の目に翻弄されて、自分の心を大切にできない。

だから、気を病んで病気になるの。そのままの生き方をしていると、ろくな魂の世界に行かないわよ」

と、諭してくれたのです。

正直、青天の霹靂《へきれき》でした。とてつもなく早い除夜の鐘を聞いたごとく、衝撃的でした。私はこれまで、一体なんのために生きてきたのかと、本当にショックで仕方がありませんでした。

そのとき、自分の人生を振り返ってみました。自分の心があることはわかっていても、ほとんど人の目、人の評価ばかりを追い求めていました。どんなに自分が犠牲になっても、周りさえ良ければ良いと、自分を殺して生きていたので、まったく真逆のことを言われて、自分のこれまでの人生を全否定されたような感覚でした。

これを初めて読んだあなたも、きっと驚かれたと思います。

そう、「人生」とは、肉体が滅んで死んだ後に行く魂の世界、要は、「霊界生活のための準備期間」であり、子宮生活が子宮生活のために存在していないように、地球生活は地球生活のために存在しているのではないのです。そして、いつ死んでも良いように、心のキャパシティ、受容力を広げて、愛の人格者に近づいていけるように、毎日の生活で心を鍛えていくことが「人生の目的」なのです。

あなたはこれまで、何のために生きてきましたか？　「人生の目的」を知る前の私のように、親のためとか、友達のためとか、学校の先生のためとか、自分ではない他の人の評価のために生きていませんでしたか？

それは、なんらおかしなことでもなく、「人生の目的」を知らないのだから仕方のないことだったと思います。

では、「人生の目的」を知っているのと、知らないのとでは、どのような違いがあるのか、もう少しわかりやすく説明していきたいと思います。

＊「人生の目的」を知らない人の生き方

人間は、おおよそ「人生の目的」を知らずに生きて、そうして死という瞬間を迎えます。

このように、人間は38億年前からずっと輪廻《りんね》を繰り返してきました。輪廻という言葉を初めて聞く人も多いかもしれません。輪廻とは、人間が死んでもまた生まれ変わって、地球生活を何度も何度も繰り返すことをいいます。どうして輪廻してしまうかというと、「人生の目的」を知らないため、何度も過ちを犯してしまうからです。

では、過ちとは何かというと、自分の心を育てる以上に、人の目や人の評価を気にして、人の為という偽りの人生を送って自分の自分による自分のための人生を棒に振って生きてしまうことです。

例えば、こんな経験はありませんか？　お稽古事の練習をしているときや、部活動などで試合に向けて頑張って練習をしているときは、一生懸命に意識を自分の心や、ベストを尽くす気持ちに自由な意識が向いて、本番に向けてかなりの良いコンディションを作れていました。

ところが、本番当日になって、多くの観客やさまざまな人の評価や評判などに意識がとらわれてしまって、自分のこれまでの努力やベストの状態を保っていた心の状態へ意識がいかなくなってしまい、「こんなはずじゃなかったのに」といった結果を招くことになってしまったということが……。

人のことを気にして生きているということは、その代償として、自分の心を犠牲にしなくてはいけないということです。この積み重ねが、自己不信となり、自分の自信のなさにつながってしまうのです。

さまざまな経験を通し、心を育てていく10代までの時代、あなたは何を大切に生きてきたでしょうか？

そして今、人のこと以上に自分の心を大切にできていますか？

私は、「人生の目的」を知って、「人は死んだら、肉体から魂が抜けるのだな」と、身近な人の死を振り返って思うのです。肉体は残っているのに、何度呼びかけても返事がありません。肉体の中に魂があって、初めて、人間は生きているという状態を保てるのでしょう。

いずれ肉体は、死んだら火葬場へ行って燃やされて骨となり、自然に還《かえ》ります。それなのに、人間はこの肉体の五感を保ちたくて、肉体を育てることばかりに精を出しています。心を育てるということ以上に、肉体を育てることがとても大切なことになっているのです。

いつか骨となり、灰となる肉体のために貴重な人生を費やすなんて、おかしいとは思いませんか？

一生懸命勉強しても、どんなに肉体に良い食事を摂っても、そのために一生懸命お金を稼いでも、いくらいい車に乗っても、すてきな家に住んでも、健康を維持しても、すべて肉体あってのことです。死んだら肉体がなくなるわけですから、それまで一生懸命に人のためや自分の肉体のために頑張って努力してきたことは、一体なんだったのだろうということになります。

やがて、ほとんどの人が自分という存在が一体全体なんだったのかもわからず、不完全燃焼で死を迎えることになるのです。

これが、「人生の目的」を知らずに生きている人の生き方です。

もちろん、生きていくためには肉体を維持していかなくてはいけません。肉体をいたわるなと言っているわけではないのです。肉体を大切にする前に、魂の世界に行くための準備をすることが私たちの「人生の目的」なのですから、それ以上に心を大切にしなくては、バランスが悪いということをお伝えしているのです。

自分の心を大切にできていない人に、人の心を大切にすることができるでしょうか？　人を幸せにすることができるでしょうか？　自分のことがわかっていない人に、人のことをとやかく言う権利があるのでしょうか？

もっと自分の心に意識を向けて、自分を大切にすることも、とても重要なことなのです。

＊あなたが父母を選んで生まれてきた

この地球に生命が誕生し始めたのは38億年前です。38億年前に存在していたのは本当にごくごく小さいバクテリアと呼ばれる生命体でした。

そのバクテリアの時代から、38億年途絶えることなく、生殖活動と捕食活動を行ってきた結果、今、人間が存在し、そして、あなたは今、こうして生きているのです。

どこかの代で、その生命の連鎖が途絶えていたとしたら、あなたの存在は今、ここにないことになります。30代さかのぼるだけで、ざっと計算すると、あなたの先祖は10億7800万人です。この方々の存在が一人でも欠けたら、今、あなたはここに存在していないのです。

そして、あなたにとっての一番身近な先祖は誰かというと、紛れもなく、あなたを産んでくれたお母さんとお父さんです。

また、これほどたくさんの人間が存在しているのに、自分にとってのお母さんとお父さんはそれぞれたった一人なのです。あなたは、「どうして私のお母さんとお父さんはこの人なのだろう?」と、きっと疑問を抱いたことがあると思います。

私も幼いころ、どうして私のお母さんとお父さんはこの二人なのだろうと、疑問に思っていたことがありました。それも、「人生の目的」を知った後に教えていただいたからくりを聞いて納得したのです。

私たち人間の「人生の目的」は、霊界生活のための準備期間であり、いつ死んでも良いように、愛の人格者を目指して毎日を過ごすことです。

愛の人格者に近づくためには、ぼーっとしていても近づけないのです。自分の至らなさや、愛の受容力のなさを目の当たりにしたり、痛感したときこそ、より愛のキャパシティを広げたいとか、自分はどうしてこういう感情になるのだろうと、人は初めて心に目を向けようとすると思います。

平凡な人生よりも、さまざまな壁を乗り越えようとする努力の回数が多い人の方が確実に心の受容力や人格が向上していきます。

要は、いろいろな経験をすることで、さまざまな自分の心模様が見えてくるということです。「人の振り見て我が振り直せ」という言葉があります。私たちは誰かと関わることで、自分自身の至らなさや、心の貧しさをたくさん知ることができ、我が振りを直そうと先人たちも努力してきたということが、この言葉によって垣間見ることができます。

そのチャンスをたくさん作ることのできる相手、要は、自分自身と同じような心の癖を持っている人に対して、私たちは反発心を抱くようになっています。それは自然の摂理の中で私たちはすでに経験していて、例えば磁石のプラスとプラスははじき合いますし、マイナスとマイナスもはじき合います。皆様のご両親は、皆様にとってとても似た心癖を持った存在なのです。だからこそ、たくさんの感情が生まれます。

このような動機を基にして、あなたの魂がお母さんのお腹に宿るとき、実は自ら今以上の愛の人格者になるぞ！　と、決意して、お母さんとお父さんを選んできました。

これが、地球という惑星に生まれる前にあなたが決意したことであり、お母さんとお父さんは選ばれた結果なのです。よく、「両親が勝手に産んだ」などと、都合が悪いと不平不満をいう人もいますが、ご両親からしてみれば「あなたが決めて、私たちのところに来たのよ」といった具合です。

そして、もう少し具体的に親子の関係に言及しますと、実は前世にヒントがあるのです。あなたは、前世という霊界で、お母さんとお父さんとすでに縁を持っていました。そのときに、お母さんとお父さんに対して、加害者という立場でした。

その罪の償いをすることが、自分にとっての人格の向上には不可欠であり、それが自分の魂の進化成長の近道であると悟ったために、前世でご両親にお願いしたのです。

「お母さん、お父さん、本当にごめんなさい。どうか、地球星という牢獄星で罪の償いをさせていただきたいので、後から追いかけますから、私のことをお腹に宿し、産んでくださいませんか。産んでくださったら、どんなことも受け入れて、罪の償いのために親孝行を精一杯しますから」

というお願いです。

＊本当の親子の関係

この地球星では親が加害者であり、子が被害者になるのですが、実は前世では、真逆で、親が被害者であり、子が加害者だったのです。

私がこのことを知ったのは20代後半のときでした。そのときに思ったのです。両親はすごいなと。加害者である私を、自分の子どもとして胎中に宿すとは、ものすごい愛の受容力だなと深い感謝の気持ちになりました。

それと同時に、前世加害者である私を痛い思いをして産み出して、その上、育て上げてくださったということ。なんてすごい方々なんだと敬意を感じました。そして、それまでの人生を悔いました。なんて親不孝な子どもだったんだろうと。

また、せっかく自分は自分に、前世加害者として、両親に親孝行すると決意したにもかかわらず、自分の決意さえも踏みにじっていたのかと思うと、愕然《がくぜん》としました。

加害者と被害者の話をもう少しわかりやすく説明しましょう。

例えば、満員電車に乗っているときに、電車が急停車し、隣の人の足を思いっきり踏んでしまったとします。踏まれた側の被害者は、ものすごい痛みを感じている様子です。でも、被害者の気持ちは、被害者しかわからないのです。その肉体の痛みもさることながら、心の痛みなんていうのはもっとわかりません。

被害者の人も、加害者の気持ちは加害者になってみないとわからないのです。

ですから、前世で加害者だった私たちは、両親が、どのような気持ちだったのか理解するために、今世で被害者になりうる子どもという立場で、両親を選んできたということです。

でも、人間は、この地球に降り立ってくるときに決意したことを忘れてしまうので、ときには親孝行も忘れて、傍若無人に両親に関わってしまい、後悔することをしてしまいます。そして、両親が亡くなったときに悔いるのです。

そんな関係性を人間はずっと輪廻をしては繰り返し、懲りもせずにまた恨みを深めて問題を大きくさせてしまいます。

この世の中の人々は、以前の私のように「人生の目的」も、「本当の親子の関係」も知らずに生きているので、みんな仕方なく親子関係を作って、愛の関係以上に恨みの感情を使ってしまい、仕方ない関係を構築してしまうわけです。

*「人生の目的」を知っている人の生き方

「人生の目的」とは次の霊界生活のための準備期間です。

より愛の深い自分になるために、自分の罪の深さを悔い改めることのできる最高の両親を選んで産んでいただきました。それをどうやってかなえていくのかということを一番の主軸として想いを尽くし、お母さんのお腹に受胎降臨したときに決意した自分に恥じぬよう、生きていくことが一番の「人生の目的」なのです。

ですから、この目的なくして、あなたの人生は始まりません。

人間は年々、精神レベルが上がり、それにより文明も発達してきていますが、同時に38億年前のバクテリアの時代からまったく変わっていない部分もあります。

それは、食べることと、子孫を残すことです。この2つが、地球星で生きる人間にとっては切っても切り離せない行為です。

ですから、食べるために働いて、お金を稼がなくてはいけません。働くためには時間の拘束があり、不自由を課せられます。不自由を課せられると、心がどんどんすさんでいきます。

大人になればなるほど、それが当たり前になって、自分の心を大切にする以上に、お金や時間などにどんどん支配されて、不自由になっていくのが人間なのです。皮肉なことですが、一生懸命に養ってきた肉体はいつの日か死を迎えて、そして、土に還ります。肉体のために努力して、一生懸命にお金を増やしても、お金をかけて健康な肉体を手に入れても、それらはすべて水泡に帰すのです。

きっとあなたは、そんな大人に疑問を持ったことが何度もあったのではないかと思います。私もそうでした。

「人生の目的」を知っている人は、肉体はいつかなくなるとわかっています。そして、それと真逆に「魂」があるということを知っています。ですから、肉体を養生すること以上に、自分の魂（もっと身近な言葉でいうと「心」）そのものを大切にして生きるのです。

その魂の中に刻まれている本当の自分自身の課題こそが、自分のお母さんとお父さんとの関係性において「罪の償いと贖《あがな》い」をすることであり、親孝行をしながら、自分の「心の課題」に取り組んでいくということなのです。

ですから、人の目や、人の言葉以上に、自分の「魂・心」を大切にしていくことこそが、本当の自分に出会う糸口なのです。

したがって、「人生の目的」である「魂・心」を育てていくことを中心として生きていくことを、人間はもっと大切にしなければならないのです。

第3章

＊＊＊

「意識」を変えれば
人生は変わる

＊5人いれば5人の個性が存在する

私が生徒さんによくやってもらうことは、イメージを生み出す作業です。

なぜなら、イメージというものは、人によって本当に一人ひとり違うものだからです。例えば、ピンクという色のイメージも人によって全然違います。極端な場合、私が見ているピンクは他の人から見れば私にとっての青に見えるかもしれないのです。

でも、それは絶対に確かめられませんし、言語化するのも難しいことです。

また、バナナをイメージしてくださいというと、1本のバナナを思い浮かべる人もいれば、たくさんのバナナが一つになった房を思い浮かべる人もいますし、そこにサルも付け足されている人がいるかもしれません。

でも、Aさんがイメージしたバナナを見せてと言っても見せてもらうことは一生できませんし、Bさんのバナナも絶対に確認することはできません。イメージしたものは絶対的に自分だけのものなのです。

私は学生のとき、アイスクリーム屋さんでアルバイトをしていたことがありますが、アイスクリームの種類によって、〝ちゃん〟とか〝くん〟を付けていたことがあります。例えば、自分のイメージで、ストロベリーは女の子、コーヒーは男の子というように勝手に男女分けをしていたのです。

マスクメロンのアイスクリームを見たときに、男性をイメージする人もいれば、女性をイメージする人もいて、それはその人の個性によって、本当に全然違うのです。

生徒さんにも何か一つイメージしてもらうワードを投げかけても、みんなそれぞれまったく違うイメージが返ってきます。

例えば、「雪ってどんなイメージ？」とか、「冷たいってどんな感覚？」「愛というものを絵に描いてみて」とか、「自由をイラストにしてみて」などというと、みんなイラストにできる人ばかりではありません。言葉で表現する人や、言葉は出てこないけれどイラストには描ける人、言葉にもイラストにもできない人、「ふわふわ」とか「きらきら」とか、オノマトペ（とくに擬態語）で表現する人など、本当に5人いれば5通りの個性が存在していると思い知らされます。

5人いれば5通りの個性があることを誰もが理解してくれれば、自分の周囲の人たちがみんな違っていてもいいし、自分にもこんな個性があるんだということを認識して悲観的にならずに堂々としていることができます。みんながお互い一人ひとりを認め合う社会になっていくことができると思います。

＊世界が混沌と混迷になってしまう理由

世界に視点を広げてみましょう。

例えば、中国とアメリカの貿易摩擦はなかなか折り合う様子もありません。中国には中国の悪いところもあれば、良いところもあります。同じように、アメリカにも悪いところがあれば、良いところもあります。

中国とアメリカがお互いに相手を認め合うことができれば、絶対にこのような摩擦が起こることはありません。非常に理想論を言っていますが、世界的な規模でいえばそういうことになります。その世界のさまざまなことを作り出しているのは個人という一人の人間なのです。

個人が作る夫婦があって、夫婦が作る家族があって、これがどんどん民族、民族、国家、世界を作っていきます。世界が混沌と混迷になってしまっているのは、やはり小さな単位である個人が常に人と比較して、ねたみや嫉妬などを持ち、自分の中で調和と秩序が保てないからです。

ですから、互いを認め合う、個性を認め合う、尊重し合うというところを少しずつ若い人たちに伝えていくことで、私自身が死んだ後かもしれませんが、何かこの地球に残せたらいいと思っています。

今の若い人たちが、これからの未来を担っていきます。やわらかい心を持っているときに、互いを認め合えることを身につける、そういう場を作りたいと切に思っています。

＊「生」とは何か

前章で触れたことも少し出てきますが、大事なところですので繰り返します。

私たちには「生」と「死」というものが必ずあって、「生」とは、お母さんのお腹の中からおぎゃあと生まれてくること、「死」とは、肉体から魂が抜けた状態のことと述べました。

しかし、肉体は死んでもあります。「ねえ、おばあちゃん！」「ねえ、お父さん！」と亡くなった人に声をかけても、その肉体は動きもしません。「肉体はあるのにもかかわらず、死んだ人に呼びかけても起きないのはどうしてだと思う？」と、生徒さんに尋ねると、だいたいみんな「魂が抜けたから」と、ちゃんと答えられます。

さらに、「その魂はどこへ行くんだろうね？」と聞いてみると、みんなわからないと言い、それが知りたいと言います。

「生」とはお母さんのお腹の中から生まれてきた瞬間ですが、「お母さんのお腹の中にいたときは何をしていたのでしょう？」と聞くと、「呼吸をしていた」「何もしていない」「肉体を作っていた」と何かしら、みんなそれぞれ思うところを答えてくれます。

正解は「肉体を作っていた」です。さらに質問を進めていきます。

私　「お母さんのお腹の中にいたとき、みんなは肉体を作っていたけれど、足は必要だった？」

生徒「必要じゃない」

私　「肺は？」

生徒「必要じゃない」

私　「目は？」

生徒「必要じゃない」

私　「そうだよね。じゃ、その肉体はいったいいつ必要になるの？」

生徒「生まれてから」

私　「そうだよね。お母さんのお腹の中にいるときは、肉体は必要ないよね。その肉体は生まれてから必要だよね。その肉体が、例えば、約40週の間お母さんのお腹の中で肉体を作ってもらえなかったら、生まれてきたときどう？」

生徒　「大変!!」

私　「どんな人でも、お母さんのお腹の中で、魂の仮の宿の肉体をつくってもらわないと、この地球では生きていくことができないのです。魂がこの地球で成長するためには、活動するための肉体がなければ不可能なのです。なので、お母さんが肉体を子宮の中でつくってくれた、その時点でとてもありがたいよね。これを『生』というんですよ」

このように「生」とは何かを教えています。みんな同じ経験をしてこの世に「生」を受けているのですが、初めて自分の「生」について考え、深く感じ入るものがあるようです。

＊「意識」は誰にも侵されない

人間は、生と死の間（生まれてから死ぬまで）に何をしているのでしょうか。生徒さんに問いかけると、「学校に行く」「仕事をする」と答えます。

私　「どうして仕事をするの？」
生徒「お金を稼ぐため」
私　「なんでお金を稼がなきゃいけないの？」
生徒「だって食べないと生きていけない」
私　「そうだよね。食べるためだよね。じゃあ食べるのはなんで？」
生徒「健康でいなきゃいけないから」
私　「そうだよね。健康でいなきゃいけないのはなぜ？」
生徒「だって、生きていくためには肉体がないと生きていけないから」

私　「そうだよね。でも、肉体は死んだらどうなるの？」

生徒「火葬場に行きます」

私　「そうです。なくなっちゃうんです。肉体はなくなるのに、なくなる肉体のために毎日頑張って生きるの？　それぱっかりにみんな頭を抱えて生きるの？」

生徒「確かに」

と答えます。このとき、社会に出ている人たちのほうが、ものすごく共鳴してくれます。

私　「じゃあ何が残るかっていったら魂は残るよね。だって、みんな肉体の中に心があるでしょう？　心というものは目には見えないから、日頃、確かに意識がなかなかいかないよね。でも、苦しいな、つらいな、悲しいな、うれしいなって、毎日思って生きているよね。その心というものは、目には見えないからこそ大切にしないと意識することができないのです。人間は、お腹がすいたら食べるし、眠くなったら眠るし、食べないといけないから働くし、肉体のことはオートマチックにできるような仕組みになっています。心は見えないから自然と意識しないけれども、肉体は放っておいても私たちは養生するように意識することができるのです。ということは、心は放っておくと養生できない――。だから、心に『意識』を向けて、心をどうやって鍛えるか――という問題になるのです。その鍵を握るのは何か、それは『愛』なのです。『意識』は自由だから、誰にも侵されることはありません。みんなでバナナを思い浮かべてみたときに、あなたのバナナは私には見えないし、私のバナナもあなたには見えませんでした。ということは、意識を創るのは常に自分ということですから、どのような意識を使うかという自由は常に一人ひとりに与えられています。ですが、どうして人によって、こんなに発想の仕方や、思念の仕方というものが違うのでしょうか。それは、これまでにさまざまなことを経験したときに使ってきた心が違っていて、その積み重ねが

『愛のキャパシティ（度量・器）』につながるからなんですよ。『愛の次元』といってもいいですが、それが人によって違うから、人によって意識の発動の仕方も違ってくるのです」

このように筋道を通して話すと、ほとんどの生徒さんは深く理解してくれるようです。

＊「愛」とは何か

「愛」とはどのようなものかについて少し触れておきます。

例えば、AさんがBさんにプレゼントを渡したのですが、Bさんはそのプレゼントをすぐにゴミ箱に捨てました。Aさんは「あのプレゼントはBさんにはお気に召していただけなかったんだなあ〜」と思いました。

でも、誰もがAさんのように思う人ばかりではありません。「一生懸命探して買ってきたのに」と怒る人もいます。どうしてこの違いが生まれてくるのでしょうか。

それは、どれだけ「受容して許容する」ことができるかの違いにあります。

つまり、「理解度」「理解力」によるのです。愛するとは理解することですから、理解力が必要になります。「理解する」ことを言い換えれば「許す」ことです。

Aさんのように、一生懸命に探してきたプレゼントを目の前でゴミ箱に捨てたBさんのことをどれだけ許すことができるか――。そこに愛の度量、器の大きさというものが関係してくるのです。

次に、生徒さんにどちらに愛を感じるか二者択一で選んでもらいます。

例えば、CさんはDさんにプレゼントをあげましたが、もらったDさんは「これは自分が欲しくなかったものだし、ちょっと使えないな」と思って、押し入れにずっとしまっていました。CさんはDさんがプレゼントしたものを使っていないので、お気に召さなかったんだなと思い、何もそこには触れずにDさんを受け入れました。

でも、Eさんは違いました。EさんもDさんにプレゼントをしたのですが、使ってくれていないDさんに対して、「どうして使ってくれないの？」と言って、詰め寄りました。

生徒さんたちに、どちらのほうが愛のある人に感じるかを尋ねると、Cさんとみんな答えてくれます。私は、「そう、それが愛の度量の違いです」と言うと、みんなとても納得してくれます。

人がどういう人に愛を感じるかは、人それぞれ全然違ってきます。

それは、どれだけ自分のことを許してくれるかによって、その人に愛を感じるか、愛を感じないかという差が出てくるからです。皆さんの毎日の生活を振り返ってみてどうですかと尋ねると、みんな深くうなずいてくれるので、何かしら共鳴するところがあったようです。

「愛」というものは、形もなく目にも見えないし、非常にわかりにくいものです。

しかし、自分の立場や事情ではなく、相手の立場や事情を理解することができるか、思いをはせることができるか、心に寄り添ってあげることができるかなのです。

このように説明して、生徒さんに「みんなはどっちになりたいですか？」と聞くと、みんな「愛のある人になりたい」と言います。

＊愛のキャパシティを広げることが進化、成長につながる

人がいつ死ぬかということは誰にもわかりません。もしかすると、この5分後にアクシデントが起きて死んでしまうかもしれないのです。

では、自分が魂だけになった瞬間、どのような世界に行くのでしょう。私が身体を壊したときに母から教えてもらった話を覚えていますか？　それは、死ぬ瞬間に自分が使っていた心の世界に行くのです。

例えば、死ぬときに恐怖におののいて死んだら恐怖の世界に行ってしまいます。

逆に、「本当にありがたい人生だったな」「本当にみんなに感謝だった」と思って肉

体から魂が抜け出て行けば、その人は感謝の気持ちを持って喜びの世界に行くのです。聞くまでもないかもしれませんが、生徒さんに、「みんなどっちの世界に行きたいですか？」と聞くと、必ずみんな「感謝の世界に行きたい」と答えます。

ここからが大切です。

「では、皆さんはいつ死ぬかわからない人生の中でどっちの心を多く使っていますか？　感謝？　悲しみ？　それとも恐怖？」と質問すると、みんな沈黙します。

要するに、大切なのは、いつ死の瞬間が訪れてもいいように、毎日の生活で愛のキャパシティをどれだけ自分が広げていくことができるか意識的に生きていくということです。

一期一会という言葉があります。出会った人は、もしかしたらもう二度と会えないかもしれない。だから、そのような覚悟で目の前の人に接しなさいという意味の言葉です。

目の前の人の立場、事情を理解して、もし自分が相手だとしたら、自分にどのように関わってもらいたいか、それを自分自身に問い、して差し上げることで、相手を通して自分にとっての愛の充足感にもつながっていくのです。

ところが、受け入れがたい現象ほど、意識的に実践することがなかなか難しいのです。なぜ難しいのかというと、その瞬間に、自分自身の中で葛藤が生まれるからです。

誰にでも善い心と悪い心があります。悪い心が出たときは許容することができない瞬間がきている、つまり、自分自身の愛のキャパシティを広げるチャンスがきているということですが、肉体が外に意識を使うように方向付けているので、自分の愛のなさを認めたくないという気持ちや、相手に変わってほしいという気持ちが生まれやすいのです。しかし、ここでまず意識してほしいことは、「人生の目的は何なのか？」ということです。また、「この気持ちのまま、自分が死んだとしたら、どんな魂の世界に自分は旅立つのだろうか？」と……。

ピンチはチャンスなのです。相手を変えようとすることは至難の業です。なぜなら相手の自由は誰にも侵すことはできないのですから、「人生の目的」に立ち返り、「愛のキャパのない自分に気づけた」イコール「愛のキャパのある自分に近づける」と自由な意識を転換して、自分を変えていくことのほうが実は簡単です。

これまでの人生を振り返ってみてください。自分の心の状態に対して意識を向けてみると、つらい、苦しい状態のときのほうが、うれしい、楽しいという心の状態のときよりも、自分は本当にキャパシティが小さいのだということを思い知ることができ、もっとすてきになりたいとか、変わりたいとか、向上心が生まれませんでしたか？

悪い心癖が出た瞬間の苦しい状態のときに、その心の状態を意識するのは難しいことかもしれませんが、後で一人になったとき、「どうして自分はあんなに怒ってしまったのだろう？」などと思いをはせてみると、大体行き着くところは、「相手に愛されたい」「相手に理解されたい」という〝欲〟が出ているときに人は悪い心が発動してしまいます。

愛されたいうちは、自分自身が愛を与えてもらおうとしているわけなので、愛のキャパシティは小さいままなのです。ですから、愛のキャパシティを広げるためにはどうすればいいのかを自分であれこれ思い巡らせてみるのです。この悪い心癖のことをパラレボ理論では「邪心」と呼びます。肉体の「欲」が方向付ける意思をいいます。

どうすれば邪心を乗り越えて、人に愛を与えられるのか、愛を手向けることができるのか——。それができて初めて、1分前、2分前よりもキャパシティが少し広がります。

要は、相手に求める以上に、「私はどうなりたいか？」と、自分の心に寄り添うことです。魂の愛が方向付ける意思を「本心」と呼びます。正しく自分の心に寄り添い、「自分がどういう愛のある人格になりたいか？」と意識を使うことは、本心そのものがすでに発動している証拠です。

このように、0・1ミリでもいいですから、自分の愛のキャパシティを広げることが自分の進化、成長につながります。簡単にいうと、邪心に気づいて本心で生み変えるということです。そして、これが、「人生の目的」でもあります。

＊心の傷は自分で治癒させるしかない

生徒さんの一人に、言葉よりも感覚が上回る方がいます。とても印象に残っているのは、初めて私の話を聞いたあとに、「すみません。言葉ではなかなか言い表せないんですけど、私ものすごくうれしくて、今人生で一番幸せです」と言ってくれたのです。

彼女はものすごく感覚的です。ある日、アクティビティとして「雪を描いてみてください」と生徒さんに課題を出しました。紙を用意しておいて、色鉛筆やクレヨンは自分で持参してくるのですが、彼女はずっと自分のペンで描いていました。

出来上がった彼女の絵を見て、私はとても個性的というか、独特なものを感じました。彼女は白と黒しか色を使わず、雪という概念を超えていたのです。冷たい感じはするのですがやわらかいイメージを絵にしていました。剣のように見えるけれども、そこにはぬくもりがあるような雰囲気だったのです。

彼女はとてもクリエイティブな意識を持っていて、知的な人です。ところが、まだ若いからといって心に傷がないということはないのです。二十歳くらいにもなれば、お父さん、お母さんとの関係、友人との交友関係などで、必ずどこかで魂・心の傷があります。

人はみな、健康診断で肉体のメンテナンスはしますが、心の健康診断はしていません。心の健康診断をしてあげると、やはりどこかに傷を抱えていたりするのです。

悩みがあること自体、心の傷があるということなのですが、それさえも気づけないほど悩んでいることもあります。心の病を人が治してあげることはできないので、自分自身で治癒できるように、方向付けることができればと思っています。

誰でも信頼関係が生まれれば、だんだんと自分の過去のこと、生活歴のようなことを話してくれるようになります。彼女は雪を描くアクティビティのとき、朝来たときから顔色がさえませんでした。いつもより暗い感じの雰囲気だったのです。

アクティビティが終わったあとに顔色が変わっていれば安心したのですが、終わったあとも顔色は優れませんでした。それで私は声をかけました。

「どうしたの？　今日はいつもと違うよ」と聞いてみると、「確かに。ずっと頭が痛いんです」と言います。

ものすごく考え込む人は、よく頭が痛くなるものですが、彼女もものすごくいろんなことを考えてしまう人なのです。

なぜ、考え込むという状況になるかというと、いろいろな情報を外からインプットしてしまうことによって意識が散漫になっていき、あらゆることに迷ってしまうからです。人には自分というものがあるのですが、そこに人の意識を入れてくることによって、どれが自分の意見や意思なのかわからなくなってしまうのです。

そうなると、混沌、混迷の中にさまよってしまい、悩むことになり、結果、頭が痛くなってしまうのです。そのときの彼女はそういう心癖を持っていました。そこから、私は彼女の中にある悩みの根源になっているものはなんなのか、意識し始めたのです。「これまで、お父さん、お母さんに気を遣ってこなかった？」と聞くと、最初は「そう言われてもわからないのですが、そうなのかな」と言っていました。

ところが、次に会ったとき彼女は「雅先生、私この間、言われた通りにいろいろ考えてみました。そしたら、お父さん、お母さんにものすごく気を遣って生きてきたことを思い出しました」と言うのです。

心の傷は自分で治癒させるしかありません。つまり、自分の心の健康診断をして、自分の心の闇の部分を自分でどうにかしなければならないのです。なぜなら、その心の傷や闇は、自分自身が創ったものだからです。

彼女自身、自分の毎日の生活の中でどのように心を使っていたのか、それがわかってきたというわけです。これまで、そういうところに意識して着手してこなかったので、自分のキャパシティを広げる材料がわからないなど、キャパシティの小ささという壁にぶつかっていきます。

でも彼女は、これまで自分は周囲から変な人だと思われてきましたが、教室に来ると一緒に考えてくれる人がいて、何を言っても大丈夫なので、仲間がいるという雰囲気が本当に安らぐと言っています。

＊男性は「力と支配と闘争と破壊」
女性は「愛と統合と融和と創造」

男性と女性を比較したとき、男性のほうがロマンを持っていて、女性のほうが現実的だと感じます。

役割上、仕方のないことなのですが、子育てに入る前は、社会経済の話、国際情勢の話など、よく話し合っていた私の友人女性たちも、今は大切な子育てが中心となるので、そういうことに意識を向ける余裕がないというのが現状のようです。

しかしながら、もともと男性と女性では目的と価値が真逆に方向付けられています。男性は「力と支配と闘争と破壊」に、女性は「愛と統合と融和と創造」に、それぞれ目的と価値を見出す意識を内包しているのです。

女性の持っているエネルギーが、男性にないわけではありません。男性は女性よりも「力と支配と闘争と破壊」のエネルギーが上回っていますが、「愛と統合と融和と創造」のエネルギーも備わっています。女性の場合には逆のことが言えます。

大切なことは、「力と支配と闘争と破壊」のエネルギーは、「愛と統合と融和と創造」のエネルギーを育てるためにあるということです。性別を問わず、自分自身の心を育てることのできるエネルギーとして、両方ともとても大切な存在なのです。

最近では、特別講演会などで宇場先生が宇宙大の愛の話をしてくださいます。愛の大きさのレベルがけた外れに大きくなっているため、女性でも、「自分は愛がわかっていたつもりでいて、実はわかっていなかったということがわかりました」という人が増えています。

ですから、女性が愛をわかっていないから、男性も愛がわからないということを、最近では私自身が痛感しています。

男性も女性も、両方のエネルギーを持っているわけですから、自分自身に意識を向けて、バランスの良い人格に成長させていくことも、自分自身の進化につながる大切な要素なのです。

＊意識を変えたら生き方が変わった！

ある人は、初めて当研究会へ来た日に会員になりました。体験に来て、私の人生の目的を聞いてくださって、その日のうちに入会してくれました。

「意識」の話の中で、意識で自分の人生を変えられるというところが彼の心を非常に捉えたようです。彼は、ぜひこれを実践してみたいと言って帰っていきました。

　すると、次に来たときには顔がまるで別人のようになっていたのです。私は思わず「なんだか変わったね。どうしたの？」と聞くと、「実践したら生き方が変わりました。今、違う人生になったような感覚なんです」と答えてくれました。

　彼に話した意識の話とは次のようなものでした。

人は意識を外に向けてしまいがちです。なので、自分の人生を自分でどうにもできないと思い込んでしまっています。

　ところが、その意識も誰が生み出しているかといえば、誰でもない自分なのです。

自分の意識なら自分でコントロールできるはずです。

　要するに、自分のことが嫌いな人は、その意識を使っているうちは、ずっと自分が嫌いな人です。しかし、誰にだって真逆のいいところがあるという意識を使えば、自分のいいところに意識がいくはずなのです。

　ということは、自分の意識でどうにでも意識は変えることができるということになりますから、人生なんていくらでも変えられるというわけです。

彼はこの話を聞いて、「それなら、自分の愛のキャパシティも自分の意識で変わるということですか？」と聞いてきました。「そういうことだよね」と返すと、彼にはものすごく心を打つものがあったらしいのです。

彼が次に教室に来てくれたのは1、2週間ほどの時間が空いた後でしたが、おそらくその間に、一生懸命になって実践したのだと思います。彼は非常に感受性が強くて、それだけに可能性を感じました。

人には「真性」というものがあります。真性とは、一人ひとりの「真なる性稟《せいひん》」のことをいい、性稟とは生まれつきの人の性質と、生まれてからの人生で培ってきた性格を合わせたもののことを言いますが、生まれつきといっても、前世で形成された結果です。

つまり、その人の魂の歴史（霊格形成史＝霊格）と生まれてからの心の歴史（人格形成史＝人格）の、霊格と人格を合わせた霊性の次元のことを言いますので、真性＝

霊性次元ということになります。霊性次元は愛の次元ともいえます。同じ人生を送る人は地球上に誰一人としていませんので、一人ひとりの霊性次元は異なるわけです。

真性によって一人ひとりの意識の発動の仕方が変わってきます。なので、無意識で過ごすのではなく、今の自分の意識がどのようなことに置かれているのかをまずは知ることが大切です。それなくして、何も変化を感じることはできません。

なぜなら、すべての物事は必ず意識が始まりで意識で終わり、その意識がどのようなところに存在しているかで、自分自身の心癖がわかるからなのです。ですので、まずは日々の生活の中で、自分の意識がどう動いているのかを知ることが大切だと感じています。

最近、私が若い人たちの教室でお伝えしている、意識のお話です。

例えば、AさんとBさんと私がいるとします。この3人はまったく捉え方が違います。私はAさんを見ているのではなくて、自分の意識が生み出しているAさんを見ています。ですから、Bさんという人が見ているAさんと、私が見ているAさんとでは見え方が違うのです。また、AさんはAさんという個性に意識が付随してBさんを見ていて、私は私の個性に意識が付随してBさんを見ているので、結局、同じBさんでも全然違う人を見ていることになります。

つまり、「人は自分が作り出している意識の世界で生きている」ということなのです。

ですので、外に意識を向けてしまうと、それこそ自分は人にどう思われているのかが気になるのは当たり前のことです。意識は自分から出ていると思えば、人がどう思っているかということは、永遠にわからないことなのです。それなら、自分の意識でその瞬間を変えることができるわけです。

そのことに重きを置いて、きちんと毎日の生活の中で実践している生徒さんは見違えるほど変化していきます。

このことが腑に落ちれば、いろいろな悩みを解決することができます。

この意識というものが自分だけのものなのだというところに気づけないのは、やはり肉体があるからです。耳も目もみな外に向いているし、肉体が外を注意するようにできているので、常に自分の意識は、自分以外のどこかに存在していることになります。だから人にどう思われているのかが気になってしまい、なかなか気づくことができないのです。

私が10代のときに、人の死を通して不思議な感覚になったとお伝えした理由もこのことに結びつきます。たとえ、お亡くなりになって肉体が朽ちたとしても、私が意識していたその人は、肉体がなくても意識して出会うことができる。この自由な意識さえあれば、私たちは善くも悪くもすべてを叶えることができるといっても過言ではありません。

第４章

＊＊＊＊

「意識」は
インタラクティブ

＊自分の肉体がなくなっても意識は永遠に続く

人は、死んだら魂がどこか違うところに行くと思っていますが、実は違います。言葉で説明してうまく伝わるかどうか私にもわかりませんが、できる限りやさしく述べてみたいと思います。

私たちは今生きていても、結局、すべて意識で捉えています。例えば、今ここにすべてのモノが存在していますが、目の前の本もペンもマグカップも意識しなければ「ない」のです。モノとして今ここにあるのですが、私の意識がそれを捉えない限り、ないのと一緒ということなのです。

今度は人に置き換えてみましょう。例えば、AさんとBさんがいます。Aさんに話しかけていて、私はそばにいるBさんにもちゃんと意識は行っています。ところが、人によっては、Aさんにしか意識が向かない場合もあります。そうすると、Bさんという存在は、ここにいるにもかかわらず、いないのと一緒になってしまうのです。

感情もこれと同じことがいえます。「ありがとう」「本当にうれしい」という感情も、意識して初めて存在が確認できるものであり、また、「悲しい」という感情も意識して初めて生まれるものです。モノも意識していなければないのと同じように、感情さえも自分が意識していなければ、ないのと一緒なのです。

たとえ肉体を脱いだとしても、自分の意識はずっと永遠に続いていきます。この意識という存在が何を捉えるかで、自分の魂の世界が決まります。

例えば、私の母はもう亡くなっていますから、肉体はありません。ここまでは誰でも普通に認識できると思います。でも、母の魂はどういう意識で、今どのように生活しているかは私にも誰にもわかりません。けれども、私の中には母をいつでも意識で生み出すことができます。

私が人格形成の過程で、どういう関係性を築いてきたかによって、悲しみの感情も湧いてくれば、母に対しての尊敬の念が生まれてくることもあります。それが私の中の母なのです。

例えば、母と縁を持ってくださったAさんとBさんという人がいたとします。Aさんの中の母もいれば、Bさんの中の母もいます。それは、絶対に違う人なのです。

そして、この世の中では死んだらもう感謝できないと大勢の人たちが思っていますが、パラレボ理論で捉えると人が亡くなった後でもいつでも感謝することができます。

もっと言えば、母のことを意識する——。それが私の中の母であって、「神代ゆう」とはまた別に、一人ひとりの個性によって捉えている「神代ゆう」という人が意識によって生まれるということなのです。ですから、人の意識によっては別の人というふうに捉えているのです。

そういう意味では、母は私の中に生きています。ですから、いつでも、母に対して感謝の気持ちを「ありがとう」というふうに伝えることもできます。

ただ、この世の死というお別れという点では、これでもう会えない、肉体的には抱きしめることはできないのは確かです。でも、もっと大切な心の部分では、いつでも抱きしめることができます。

このように、愛や自由や温かみを感じるところに、私はパラレボの偉大さを、ものすごく感じていて、「いつでもやり直しができる」というところにも非常に引き寄せられるのです。

＊意識はインタラクティブ。一方通行ではない

繰り返しますが、死んだ人の魂がどこにあるかはわかりません。でも、意識でつながることはいつでもできます。肉体を脱いだとしても、その魂はその人の意識の世界にありますが、意識したことは必ずインタラクティブ（双方向）なので、一方通行では絶対に意識できないのです。

どういうことかというと、例えば、「ハワイに行きたい」とこちら側が意識して思ったとしても、ハワイのほうから「おいで」という意識が来ない限りは絶対に行けないということと一緒なのです。

これは自分の例ですが、私は旅行会社に勤めていたので、ハワイのイメージだけは完璧に出来上がっていたのですが、ハワイに行ったことがありませんでした。季節に

もよりますが、常に海外旅行の上位に選ばれているハワイに、チャンスがあればぜひ行ってみたいと思っていたのです。

年末年始には教室関係のスケジュールもほぼなくなるので、いよいよ一人でハワイに行くべく、運よく現地に以前お世話になった上司がいらしたので、その方のコネクションで全部手配が整えられたのです。

ところが、どうしても都合でスケジュールをやりくりすることができなくなり、初めてのハワイ旅行は断念せざるを得なくなったのでした。これもやはりインタラクティブで、私の意識とハワイの意識とがつながらなかったのだと思います。

他にも例を挙げれば、私が宇場先生の著書『ゼロの革命』（幻冬舎）を探したときのことです。一生懸命にどこにいったのかしらと探しても一向に見つからないのです。そこで、ちょっと待てよと、本を当たり前に使っていたことを私はすごく反省したのです。

本当に申し訳ありませんと、自分の中で本に対して丁寧に意識をしたのです。すると、先ほどからずっと探していたところにあったのです。どこを見ていたのだろうと不思議に思いましたが、まさしく、意識はインタラクティブなのだと、とても感じたのです。

ですから、欲しいと思っているものがあるのに、なかなか手に入らないということはよくあることだと思いますが、それがまさしくインタラクティブなのだと感じます。

そこには、やはり相対性原力というお互いのエネルギーが生まれるときにバランスをとろうとして創り出す原因的な力によって、初めて一方通行ではなくなるのだと思います。

＊金時山のお地蔵様とのインタラクティブ

車を運転していて、運よく青信号ばかりですいすい目的地に行けるときは人間誰しも「ラッキー！」と思い、赤信号ばかりに足止めされてしまうと、「ついてない」などと思いがちです。でも、私は赤信号ばかりに足止めされたとき、これも必然というように捉えています。

私の面白い出来事を実例として説明しましょう。箱根のきらく庵へ行く途中、金時山の登山道の入口があって、そこにお地蔵様が立っていらっしゃいます。

きらく庵からの帰り道だったのですが、お地蔵様の前を車で通るときに、なぜだかお地蔵様に意識がものすごく行きました。これまで、お地蔵様があることは知っていましたが、いつもはそれほど意識が行かなかったのです。

理由はわからないのですが、このときはお地蔵様に話しかけられた感覚がしたのです。

私が意識したということは、向こうからも意識が来ているから、こんなに意識を強く感じるのだと思い、何だろうととても気になりました。通り過ぎていたのでUターンさせて車を止め、そのお地蔵様の前に行き、ご挨拶したのです。

「いつもここを通らせていただいているのに、素通りしてしまって申し訳ありません。今日もお世話になりました。ありがとうございました」

と言って帰ろうとした瞬間、一人の生徒さんの車が前を通りました。「あら？」と思い、彼女の後ろをついていくことにしたのですが、彼女の車のテールランプが消えていることに気づいたのです。このまま高速に乗ってしまって、もし、警察車両に見つかったら、彼女が罰金を取られてしまうと思い、ずっと彼女の後ろをついていったのです。

そうしたところ、その日に限って覆面パトカーがあちらこちらに走っていたのです。私は急いでいると加速することがあります。もし、自分の意識を大切にせず、お地蔵様にご挨拶しないで、そのまま素通りで行ってしまったとしたら、覆面パトカーに100パーセント捕まっていたと思いました。

彼女には、「テールランプが消えていたので、早くガソリンスタンドかカーショップに行ったほうがいいですよ」と言いました。

そして、次の日の朝、彼女は早速、カーショップに行ったのですが、不思議なことにテールランプに異常はなく、ちゃんとついていたというのです。

それからのち、金時山のお地蔵様がどういういわれのお地蔵様なのか調べてみたところ、交通安全のお地蔵様だったことがわかりました。

このことから私は、意識は本当に大切にしたほうがいいと強く思ったのと同時に、やはりすべてはインタラクティブなのだということも強く感じました。そして、必然は必善なのだとつくづく実感したのでした。

テールランプが消えているということは、ちょっとしたアクシデントでもあり、この世的に見れば、ものすごくアンラッキーなこと、良くないことという意識で見てしまいがちです。しかし、これにも何か意味があるのだと思わずにはいられないのです。

したがって、赤信号でたくさん足止めされてしまっても、もし、すいすい行ってしまっていたら、事故に遭っていたかもしれない、またはちょっとした瞬間に何かのトラブルに巻き込まれたかもしれないとか、そういうふうに捉えられるようになってきました。

一見、ネガティブに思えることも、そう捉えることができるようになったのは、ひとえに意識というものの大切さを信じて実践してきたからだと思います。

だからこそ、必然は本当に「必善」といえます。

＊いつも自分の意識を大切に使っていれば、大難も小難に収まる

自分の中に意識が入ってきたと感じるとき、その意識に従ってみることは多少難儀に感じることもあるでしょう。

私の金時山のお地蔵様の場合は、まったく難儀には感じませんでしたが、いったん車を止めてUターンをすることは、ある意味、面倒ではあります。けれども、それと覆面パトカーに捕まることと比べ、どっちが難として大きいかといえば、覆面パトカーに捕まるほうが、罰金も取られますし、精神的な苦痛も味わいますから、やはり覆面パトカーに捕まるほうが大難です。

面倒でも小難として収まるのなら、そのほうがいいに決まっています。

不幸な出来事が起こったときも、何か意識が働いた可能性も十分にあると思いますが、その意識を大切にすることができないことは往々にしてあると思います。しかし、

自分しか意識できませんから、自分に入ってきた意識を大切にできないことが、結局、自分に対しての自己不信につながっていきます。

私の例でいえば、私の中のお地蔵さんに意識が来た――。自分の意識が行った――。これが自分の意識なので、これを大切にしないということは、自分を大切にしないことと一緒なのです。

つまり、これは日ごろの積み重ねが「運」となってあらわれるということだと思います。母との共著『運のいい子をつくる「自然流」子育て』（幻冬舎）にそのことが書かれていますので、詳しく知りたい方は読んでみてください。

運というものは、その辺からひょっこり出てくるものではなく、やはり、日ごろの自分の意識の使い方です。そして、運を呼び寄せるには、どれだけ見えない意識に対して、自分自身が意識を使って大切にできるかということだと思います。

例えば、第六感が働くとか、直感などという言葉がありますが、自分の意識と何かの意識がインタラクティブでつながっているからこそ直感が働くはずなのです。

誰でも一度は経験したことがあると思いますが、ある人のことをフッと思ったら、突然に、その人から連絡が来たなどという、まさに以心伝心などの現象です。

物理的に生きていると、ちょっとした気になることがあっても、時間がないから後でとか、こんなの気のせいだとかで片付けてしまいます。何か聞こえたけれど、空耳と思ってなんで聞こえるの、というところには意識しません。

例えば、電子レンジが壊れてしまったとか、コップを落として割ってしまった等、これも何か虫の知らせなのかもしれません。でも、そこに意識が入ってきているにもかかわらず、それらをないがしろにすること自体が、自分の意識を大切にしていないことにつながっていきます。

結局、そういったことの積み重ねが大難を呼び寄せてしまいます。これが運のない人という捉え方になります。

まずは、日ごろの自分自身の意識を大切にすることが、大難を小難に収めることができるということを覚えておいていただきたいと思います。これが本当の意味での自己慈愛につながっていくのです。

＊デジャビュは自分の書いたシナリオを経験しているだけ

人は生まれる前に自分で自分自身の今世のシナリオを書いてくるといわれています。でも、私はやはりシナリオがあると思って生きるより、シナリオがないと思って生きたほうが、束縛がなく自由でいいと思います。

もちろん、シナリオはあるとは思います。でも、本当にすべてがシナリオ通りに運行してしまっていたら、そして、それがたった1本のレールしかなかったとしたら、まるで選択肢がないかのようで、何のために生きているのかわからなくなってしまいます。そういう意味では、必ず進むべき道は幾通りかあるはずです。

行く手に幾通りかの道が現れて、こちらの道を選んだら、他の道は消えていくというようなことはあるのではないかと思います。

むしろ、シナリオがわかってしまっていたら、未来がわかってしまうということになりますから、なんの向上心も生まれず、ただただ敷かれたレールを黙々と進んでいるようなとてもつまらない人生になるのではないかと思うのです。

デジャビュ（既視感）という言葉をお聞きになったことがあるでしょう。一度も経験したことがないのに、これまでに経験したかのように感じられることをいいます。これは、自分がシナリオに書いてきていることを、自分自身がただ経験しているだけなのですが、今起きていることを前にも見たと勘違いしているようです。

シナリオは、自分自身が「こういうふうに進化成長したい」と願って書いてくるものなので、デジャビュを多く見るということは、自分自身がちゃんと上手に進化を遂げていることの表れだと捉えることもできます。

ただ、シナリオがあると思って生きていたら、ものすごく不自由です。生徒さんに尋ねても、やはりみな不自由だと答えます。

そうであるなら、シナリオにとらわれることはありません。シナリオを書いたのは昔のことです。今という瞬間がすべての上書き保存で、自分の今の意識にすべてが集約されるのですから、シナリオにとらわれるのは、あまり意味のないことだとわかります。

これらのことは、旅行にたとえるとよくわかります。

旅行中、はじめの計画にはなかったけれど、こんないいところがあるのならそっちに行ってみたいとか、反対に、当初の計画では予想だにしなかったことが突然起こって、計画を変更せざるを得なくなったなどということもあるでしょう。

でも、それもこれも「必善」ということでいいのではないでしょうか。

＊死ぬ準備ができることは幸せなこと

不慮の事故で大切なご家族を亡くされたご遺族は本当にお気の毒です。

では、なぜこのような悲しいことが起きるのでしょうか。

それは、残された人には、経験しなければ気づけないことがあるというところに大きな意味があるかもしれません。

事が起こってしまった後は、残された人がそこから何を学ぶかが、非常に重要な課題となります。学ぶことというのは、その人にとって足りないところということです。

その人がどのような家庭で育ったのかはわかりません。しかし、感謝の心を持って生きていたのかとか、親や子やきょうだいの思いやりを、当たり前のことだと思って日ごろ生活していたのではないか、ということを、いつもニュースなどを見ていて私は思うのです。

失って初めて気づくものの大切さというところに、その人が学ばなければならない大きな意味があるということです。

なぜなら、日ごろ接している人たちの中で、家族ほど当たり前になりやすい存在はいないからです。夫婦なら、その男性は妻とどのように関わっていたのか、その女性は夫とどのように関わっていたのか、もし、私が残された立場なら、きっとものすごく検証すると思います。

起こることはすべて必然です。残った家族とともに、どのように自分がはい上がって、自分の人生に対しての自己責任として、いろいろなことをいかに解決していくかということが非常に大切であって、すでに起こってしまったことに対しては、とやかく言ったところで始まらないのです。

私の母は癌で亡くなりました。癌と言われて私がすぐに想像したのは、「死」という言葉でした。初めは「どうして私の母が癌なのか?」と嘆きました。でも、そのおかげで、母がいなくなったときの心構えと環境を整えることができ、私はとても感謝しています。

人生の最期の瞬間は、誰にでも突然に訪れます。しかし、癌などの病気にかかることも、宇宙の法則の通り、悲しいだけではなく、ありがたいこともあるのだと私は経験を通して感じています。

人間はどうしても、明日が来ることが当たり前だと思って生きてしまう心癖がありますそういう意味でも、どんな状況・状態であれ、今日が最期かもしれないと、悔いなく毎日を過ごすことが本当に大切なのだと思います。

それが、母が癌という病を通して、私に教えてくれた大切なことの一つです。

第5章

「邪心」と「本心」の捉え方

＊「真性」とは、魂を存在させてくれている生命体

3章の最後の項で「真性」について述べましたが、少し難しかったと思いますので、ここでもう少し詳しく説明しましょう。

魂が抜けると肉体は動きません。ですから、魂というものが自分の肉体を存在させてくれているといえます。そして、魂を存在させてくれているのが「真性」というものです。生徒さんの中には、一回言っただけで気づく人もいます。

ある男性の生徒さんは、感情を言葉で素直に表現することがものすごく苦手なので、はたから見ると非常に勘違いをされやすいところがあります。本当のところは、彼はとても恥ずかしがりやな、いわゆるシャイな人なので感情をあらわにすることができないだけなのです。

あるとき、箱根にある研修所で、真性に意識を向けるようなアクティビティを行いました。

ウッドデッキに5人全員ヨガマットを敷いて、そこにあぐらでも、あおむけに寝ても、うつぶせに寝てもいいので、自分の好きなスタイルで寝てもらいました。その状態のまま、私は5人の前に座り、氣を送ります。

その後に、「自分自身でどんどんイメージしてください」と言って、少しずつ自分の中で夢を見るような感覚で自分の意識を作ってもらいます。

例えば、「今、皆さんがいる場所は、自分が心地よくいられる場所です。ものすごく安寧でいられる場所に自分がいます」と私が語りかけます。

そうすると、山の中にいる人や、川にいる人もいれば、海にいる人、部屋の中にいる人もいるでしょう。そこは私にもわかりませんが、それぞれ一人ひとりがイメージの中にいます。そうして、少しずつ真性というところに意識を向けるように私が誘導していきますが、イメージはすべて自分でしてもらいます。

このアクティビティの目的は、自分の「内的自傷行為」に気づいてもらうためのものです。人は悲しいときでも、苦しいときでも、いやだなあと思っているときでも、相手には、どんな心を使っているのか、気づくことができないように振る舞うことができます。それができるのは、肉体という存在が心の状況を隠すことを可能にするからです。自分は相手にいい顔しか見せていないので、相手にとっては、私がどんな不快な感情を使おうが、痛くもかゆくもありません。

しかし、実際は不快な感情を使うことによって、自分自身が最も痛いし、苦しいし、辛い思いをしていて、結局自分自身が自分を陥れて傷つけて、苦しめているのです。これが「内的自傷行為」ですよとみんなに理解してもらいます。

そして、自分自身が自分を傷つけているわけですから、人に謝る前にまずは自分に「ごめんなさい」と謝らなくてはいけません。

ところが、自分で傷つけているにもかかわらず、自分のことを癒してくださいと、人に求める人がいます。傷ついた理由も、癒す方法も、すべて自分しか知らないのに、それを人にやってほしいというのです。それは結局、ギブ・アンド・テイクのテイクに方向付けられます。要は、愛されたいということです。

アクティビティでは、生徒さん一人ひとりが自分自身でつけた心の傷をこのように表現します。「皆さんの心は、汚れているところから煙が出ていたり、不快な感情がすすになってこびりついていたり、刃物で刺されたようになっている人もいます。その汚れや傷は真性にこびりついているということです。そんなひどいことばかりをしている自分でも常に存在させてくれる存在が『真性』なのです。その真性の気持ちになったらどうですか？　もし、自分が真性の立場であったならどのような気持ちになりますか？」

するると、参加してくださった生徒さんからこのような答えが返ってきました。

「本当に、申し訳ないことをずっとしてきた」

「これから、不快な気持ちになったら、真っ先に謝ります」

「人に謝っても、全然許された感じがしないのは、自分に謝ってないからなのですね」

そして、私が一番嬉しかった言葉は、

「ずっと出会いたいと思っていたものに出会えた感覚がありました」

という感想でした。たとえ、シャイで表現に乏しい方でも、このアクティビティによって、自分に素直になることができる。真性という目には見えない存在の偉大さを私自身がまた5人の若者を通して実感した時間でした。5人のアクティビティの感想は各人各様ではありますが、自分自身の真性に気づくように方向付けていけば、今の若い人たちは1回でその存在に気づいてくださいます。やはり、真性という存在はとても偉大なのです。

＊「真性」は共通分母、一人ひとりの個性は分子

生徒さんの一人がアクティビティの後に、ずっと会いたいと思っていたものに出会えたというのは「真性」のことです。

要するに、真性は魂を存在させてくれているものです。この真性というものが、宇場先生のおっしゃる「共通分母」というものです。

1―2《にぶんのいち》と1―3《さんぶんのいち》を足すには、分母を同じ6にして3―6と2―6にすれば、足して5―6にすることができます。同じように、引くときはやはり分母を同じにして、

3―6から2―6を引けば、1―6と計算することができます。

つまり、真性が生命体の共通分母となって、一人ひとりの個性が分子にあたります。分子にあたるのはキャラクターの違いだけでなく、女性と男性という性の違いでもあります。この共通分母に出会わない限り、宇宙の扉は開けないのです。

これはそれぞれ真性の和の法則、真性の差の法則と呼んでいますが、ここでは詳しく述べることは控えます。

アクティビティをやっていて、私もいろいろなことに気づかされます。

感覚的な人たちはあまり数字や言葉にこだわらず、自分の意識に対して正直にイメージをつくることが上手ですが、知能的な人は「何時間やったらいいのですか？」とか、「どのような場所でやればいいですか？」などと聞いてきます。それも個性の違いで本当に面白いと思います。

私自身、いろいろな個性を持った人たちに出会えて、自分の成長につながるので、とてもありがたく思っています。

＊「霊格形成史」と「人格形成史」で自分を客観的に知る

教室では、パラレボ理論を通して、どうして意識が大切なのかとか、日頃の生活でどのように意識を鍛えていくのかとか、そもそも意識とは一体どういう存在で、そのためにどのように実践していくのか、ということを、具体的な切り口からお話をさせていただき、生徒さんたちの日頃の生活の中において実践を通しての気づきなどを共有させていただいています。

生徒さんの中には、パラレボに出会っていろいろなものに興味を持ち始めた人もいます。中には、人の話をすべて真剣に聞いてしまい、いろいろな情報に振り回される人もいます。

それでも、人生の目的の話を聞いて、パラレボを実践していくうちに「実践していくとたくさんの気づきがあって楽しい」と、いろいろな人に知ってもらいたいと思った人は少なくありません。

そのためには自分たちがパラレボ以外のあらゆることを知らなければ、人に話せないと思い、いろいろなことを吸収していっている最中です。

今では少しずつ、彼らの中に軸ができてきて、人に対して前ほど苦手意識がなくなってきているように見受けられます。

「心癖」と「魂癖」はリンクしています。そして、心癖を作っているのは家庭環境です。家庭環境によって、自分はどういう心癖ができたのかを見つけるために、先ほどのアクティビティのような心の健康診断を行います。

心の健康診断は人が行うのではなく、まずは自分がやってみます。そのためには、アウトプットすることがとても大切です。

例えば、誰かの相談に乗ってあげているときに、「自分ってこんなこと思っていたのかあ〜」と気づくことがあったり、話しているうちに関連したことを思い出したりすることはありませんか？　そのとき、頭や心の中が整理されますが、それも非常に重要なことなのです。

自分の「人格形成史」というものが「心癖」につながってきますが、人格形成史は、両親や家庭によって善くも悪くも基礎付けられています。

どのようなお母さん、お父さん、おじいちゃん、おばあちゃんと一緒に住んでいたのか、お姉さんがいるのか、弟がいるのか、その人たちはどんな人で、自分にどのような影響を与えてきたのか……などと自分に関わってきた人たちからどのような影響を自分は受けているのか、反対にその人たちにどのような影響を自分は与えたのか、その結果、自分とはどういう人間なのかを客観的に知ることができるのが「人格形成史」なのです。

対して、「霊格形成史」は前世（現世に来る前の霊界）での環境と経験によって築き上げられた「魂癖」です。この「霊格形成史」は思い出そうと思っても思い出せるものではありませんから、「人格形成史」による心癖を客観的に知ることが自分という人間を知ることになります。

善くも悪くも、自分はいったいどのような心癖を持っているのかということを知ることは、等身大の自分を知り、人生の目的をクリアしていくまで非常に大切なことなのです。

＊「邪心」の役割は「本心」を育てること

自分の心と向き合う時間がこれまであまりなかった人や短かった人は、自分は醜い人間と思われたくないとか、自分の中の「邪心」を認めたくないという気持ちが強くあるようです。

自分の中の「邪心」をまず認めて、慣れていかなければ、「邪心」を真逆の「本心」に転換することはできません。

「邪心」とは肉体の欲望が方向付ける意思であり、「本心」とは魂の愛が方向付ける意思ですが、簡単に言うなら、邪心が悪い心、本心が善い心というと、身近に感じられるのではないでしょうか。

なぜ、自分の邪心を認めないと本心に転換できないかというと、邪心の役割が本心を育てるためにあるからです。ピンチはチャンスといいますが、ピンチの役割はチャンスに転換するために他なりません。邪心の存在は本心を育てるためにあるのだということをきちんと認めない限り、本心も育たないのです。

要するに、邪心と本心で一人の人間が出来上がっていますから、邪心を否定すると本心を同時に否定することになりますので、邪心を否定することは一人の人間をすべて否定してしまうことになってしまうのです。

ですので、邪心も自分の一部なのだというように認められなければ、真逆の本心も発見できないようになっています。そこは自分を知る上での入口ということになります。

男性の場合、特徴的なのは、毎日仕事に追われてしまっているので、自分が邪心になっていることに気づかないままに、日常生活を淡々と過ごすことのできる人が多いのも事実だと思います。中には、自分には邪心などないと思っていたという人もいるくらいですが、そういう人でも日々の生活の中で無意識を意識してみると、「邪心、結構ありました」と気づく方もいます。

また、頭だけで考えようとする人は、わからなくなってしまうことがよくあります。それでも、私がいくつか質問させていただくと、「確かに自分の中にありますね」と気づく人が少なくありませんから、まずは自分を理解しようとするところから始めていくことが大切だと思います。

わからないものをわかれと言われるのは、拷問を受けているようで誰でも苦痛ですから、私から質問をするようにしています。例えば、「苦手な方はいますか？」とか、「今日のこれまでの時間を振り返って、どんな感情を使いましたか？」などということです。「わからないです」という答えが返ってくると、「では、この教室に来てから、どんなことに意識が向きましたか？　また、ずっと意識が一定だった人はいますか？」とまた聞きます。

すると、「意識はずっといろいろなところに行っていると思いますが、何を意識していたかはわからないです」と返ってきます。「ということは、意識はあっても、意識していないということは、ほとんど自分の心に意識が向いていないということですね」と次々と聞いていくと、「自分はまったく、心を意識していないんだ」と初めて自分を知ることができるという具合です。

これから社会に出る前に、もっと自信をつけた自分になるため、また、自分を変えるため、そして、本当の自分とは一体何者なのか？　なんのために自分は地球で生きているのか？　ということをまず学ぼうとする若者がいることを心強く思っています。

＊母への恩返し

生徒さんが、私のように自信を持っている人になりたいという目標を持ってくださるのは本当に喜ばしいことですが、それもすべてパラレボのおかげであり、パラレボを私に教えてくれた母のおかげであり、母の死がなければ、私は現在のような活動は絶対にしていないと思います。

母が亡くなり最初に思ったのは、神代ゆう先生という存在は生徒さんみんなが知っ

郵　便　は　が　き

料金受取人払郵便

代々木局承認

6948

差出有効期間
2020年11月9日
まで

1 5 1 8 7 9 0

203

東京都渋谷区千駄ヶ谷4-9-7

(株) 幻 冬 舎

書籍編集部宛

1518790203

ご住所　〒
都・道
府・県

フリガナ
お名前

メール

インターネットでも回答を受け付けております
http://www.gentosha.co.jp/e/

裏面のご感想を広告等、書籍の PR に使わせていただく場合がございます。

幻冬舎より、著者に関する新しいお知らせ・小社および関連会社、広告主からのご案内を送付することがあります。不要の場合は右の欄にレ印をご記入ください。

不要 □

本書をお買い上げいただき、誠にありがとうございました。
質問にお答えいただけたら幸いです。

◎ご購入いただいた本のタイトルをご記入ください。

『　　　　　　　　　　　　　　　　　　　　』

★著者へのメッセージ、または本書のご感想をお書きください。

●本書をお求めになった動機は？

①著者が好きだから　②タイトルにひかれて　③テーマにひかれて
④カバーにひかれて　⑤帯のコピーにひかれて　⑥新聞で見て
⑦インターネットで知って　⑧売れてるから／話題だから
⑨役に立ちそうだから

生年月日	西暦　　年　　月　　日（　　歳）男・女			
ご職業	①学生	②教員・研究職	③公務員	④農林漁業
	⑤専門・技術職	⑥自由業	⑦自営業	⑧会社役員
	⑨会社員	⑩専業主夫・主婦	⑪パート・アルバイト	
	⑫無職	⑬その他（　　　　）		

このハガキは差出有効期間を過ぎても料金受取人払でお送りいただけます。

ご記入いただきました個人情報については、許可なく他の目的で使用することはありません。ご協力ありがとうございました。

ているけれど、一個人の神代ゆうという人は私しか知らないわけですから、母のことをねつ造されるのは私としては悲しいと思ったのです。

私が知っている神代ゆうというのも神代ゆう先生の一部分なのかもしれませんが、それでも私は一応どちらも知っているのは事実ですし、両方知っているのは私だけなのです。母がパラレボ理論を通して、どのような生き様と死に様を私に見せてくれたのか、ということを正確に受け継ぎ、またその想いを踏襲していかなければ、母に対して顔向けができないと思ったのが母の後を継いだ動機です。

今、それができているかといえば、自分でも本当にわからないのですが、それでも自分なりにやっていくことが母に対しての恩返しであり、ひいては自分への恩返しになると思っています。

母が亡くなってすでに5年近くが経ちます。この5年、本当につらく苦しいときもたくさんあったのですが、母の想いを台無しにできない、宇場先生の想いに寄り添いたいという気持ちで努力することができました。

母や宇場先生への想いだけから、そのうち、この日本や地球の未来についても何かを自分が事実として残すことができたら……という気持ちに想いが膨らみ、まずは私がとにかく目的観を常に意識し、変化して、霊性をあげて、愛ある実践をしていくしかないと決意するようになりました。

そのときが、自分の転換点になっているのではないかと思います。

たとえたった一人の努力であっても誰かが始めなければ、ため息をついているだけでは世の中は何も変わらないと思うようになり、私一人が70人の教室で話すことによって、たった一人でもいいので想いを共感できる人がいてくれれば、それはそれでいいと思うようになったのが新たなスタートだったのではないかと思います。

私は大勢の前で話すのが本当はあまり好きではありません。むしろ、上からものを言っているように聞かれてしまうのがとても嫌なのです。それでも、中学、高校のときは生徒会に所属していて、大勢の前で話す機会を与えていただいたことがあったのはありがたいことだったと思います。

私はちやほやされたり、褒めておだてられたりすることが本当に苦手なのです。できればそっとしておいてほしいと思うタイプなのですが、なぜか、みんなの先頭に立たなければならない役割がいつもきてしまうというジレンマの状態にあります。

母の時代には、母や宇場先生とスタッフさんや生徒さんとの間にはとても良い意味で距離感があったように感じていました。

でも、私のキャラクターとしては、スタッフさんや生徒さんと距離感があると、非常に居心地が悪く感じるので、ごく自然にわいわいがやがや、やらせていただいています。

宇場先生は真理通り、女性がまず先頭に立つべきという思いがおありですので、母よりはるかに若年である私のやり方にしっかりと合わせてくださいます。そのようなお心遣いにも、私はとても感謝しています。

このように、振り返ると、私のレベルでの邪心と本心が存在しているからこそ、私なりの歩幅でこうして愛の人格者を目指してきたと感じています。これからも、肉体がある限り、死ぬ瞬間まで意識的に邪心と本心を大切にしていき、少しでも愛の人格者に近付けたらと努力の真っ只中です。

＊心の使い方・意識のはせ方は、100人いたら100通り

生徒さんに、「皆さんは死んだあと、どのような心の世界に行きたいですか？　怒りだらけの世界に行きたいですか？　悲しみばかりの世界に行きたいですか？　それとも、みんなが与え合う感謝と喜びにあふれた世界に行きたいですか？」

このように問いかけると、必ず、皆さん10人中10人が「感謝と喜びでいっぱいのところに行きたいです」とおっしゃいます。

では、「皆さんは毎日どのような心を使って生きていますか？」と聞いてみると、皆さん、ハッとして、「そんな気持ち使っていないな」ということに気づきます。

問題はいつ死ぬかわからないということです。もし、いつ死ぬかがわかっていて、Xデーは30日後だとします。それが事実としたら残り30日を感謝と喜びで一生懸命生きようと努力すると思います。

どんなに健康で体力に自信がある人でも、地震や大雨による水害や土砂崩れなどの

自然災害、あるいは交通事故など、一寸先は何が起こるかわかりません。

そうであるなら、どのように毎日を過ごすかということをしっかり見極めなければなりませんが、感謝と喜びで生きるといっても、自分だけの思い込みによる感謝と喜びかもしれません。自分の足らざる部分がどこなのかがわかっていれば、そこに意識をはせて心を使えばいいのですが、それもよくわかりません。

ですので、一番いい方法は、「等身大の自分を知る」ということです。

誰かと比較するのではありません。比較している暇があるなら、今をどう懸命に感謝で生きるかが大切です。38億年の長い魂の歴史があるとしたら、100人いれば100通りの霊格形成史と人格形成史があって、一つの物事に対しての心の使い方、意識のはせ方もまったく違います。これが一人ひとりの個性そのものなのです。

そうであるのに、人間はまったく違うもの同士を比較して、勝手に優劣を付けてしまっています。比べることなど全然意味がないのにもかかわらず優劣を付けるのです。ここに大きな問題があります。

要するに、等身大の自分を知って、自分を大切にすればいいのです。

自分自身の毎日の生活の中で、自分は意識をどのように自分の心に向けているのか、そして、自分にはどういう心癖があるのか、それらは長所であるのか短所であるのか、これらすべてのことが一つで、一人の人格なのです。

仏教ではよく悪（煩悩）を滅するなどといいますが、滅してしまったら真逆を捉えることができません。パラレボでは、邪心は本心を育てるための非常に大切な存在ですから、なくす必要はないわけです。

パラレボ理論の数ある法則の中で「相対変換の法則」というものがあります。階段を上り下りするためには、左足と右足を交互に進ませなければ上ることも下りることもできません。

それと同じように、邪心が出たら、真逆のより高みの本心を生み出すように意識を使うことで、自分自身と霊性の階段をステップアップしていくことができます。

邪心が出たら、本心に意識で産み変える。そうすることで、良い心癖を身につけていくことができ、無意識だったころは野放図だった邪心をより次元の高い本心に特化して、成長するために生かすことができます。

このように、「愛のキャパシティを広げ、愛の人格者を目指して頑張りませんか？」と皆さんに呼びかけています。

＊既存の概念にとらわれず、「八百万の神」精神で

これまでにパラレボのお話を聞いてくださった人たちの中には、数々の宗教を経験してこられた方とか、精神世界やスピリチュアルを学んでこられた方もいらっしゃいますが、そのような人は既存の概念で自分のフィルターがかなり厚いので、新しい概念を理解するのに、時間を要することが少なくありません。

キリスト教やイスラム教のように一神教の宗教の教えがしっかり身についている人は、どうしても難しいところがあります。自分の外に神がいて、その外にいる神を信じるので、常に意識が自分にないため不確かということは否めません。本当は自分の

ことしかわからないのに、意識を外に向けていれば不確か過ぎるので、常に不安ということにもなるのではないでしょうか。

当研究会に外国人の方が今のところいらっしゃらないのは、宗教的なことも一因としてあるかもしれません。

パラレボ理論では、この世の中に存在しているモノにはすべてに意識が宿っていると捉えます。日本には古来、八《や》百万《およろず》の神という捉え方の精神文化が根付いていますので、パラレボ理論を理解しやすい国民性があるのではないかと思います。私はこの日本の八百万の神精神がとてもすてきだと思っています。

なぜならば、この世の中に存在するものすべてが、一つの個性として全面的に肯定されているように感じるからです。存在するものには、すべてに目的があり、意味と意義を感じながら毎日を生活することは、一瞬一瞬の今をより意義深く価値深いものにすることができる実感を持つことができます。

それは結果として、自分の意識を丁寧に感じ、大切にすることにつながっていくと私は感じています。

第6章

******

「愛」を伝える使命

★被害者加害者の相対変換の法則

先述したデジャビュ（既視感）のように、私たちは魂レベルの記憶ともいえる体験をすることがありますが、前世の記憶や過去世の記憶を、明確に持っているわけではありません。

その記憶は断片的で、そこで何をしたのかはわかりません。しかし、実はわからないことこそが、創造や可能性をのびのびと広げられる「自由法則」として大事にされていいのです。

逆に言えば、知ってしまったら、それに縛られて不自由になります。知らないからこそ、新しいものが作れるはずです。むろん、皮肉なことに、知らないからこそ、また同じことを繰り返してしまう部分も否めないのですが……。

例えば、今世で誰かに裏切られたとします。今世だけで見れば、怒って当然です。

しかし、一歩引いてパラレボ理論で考えてみれば、「こんなふうに被害者になっているということは、過去に加害者だったことがあるのではないか」と思えてきます。かつて加害者だったことのある自分は、「私も相手と同じく、人を傷つけることをしていたかもしれない」と思い、被害者の気持ちも加害者の気持ちも両方理解することができます。

こうしたことは日常的にもよくあります。

例えば、車を運転しているとき、横から急に入ってきた車がありました。私たちは思わず「なんという運転の仕方をするんだ！」と、被害者意識に駆られます。その被害者意識を引きずったままでいると、不快感はいつまでも続きます。

そこで、「過去に、私も同じことをしていたかもしれない」と考えるとどうでしょう。相手に対して同じような不快感を与えたかもしれないと思えば、「申し訳ないことを私がしてしまったから、今の自分の不快感を知ることができたんだな」と考えを改めることができます。

そのとき、不思議なことに、怒りの感情が収まっているはずです。私はパラレボ理論のおかげで、こういうふうに考えられる自分であることに感謝したいと思っているのです。

これを「相対変換の法則」と呼んでいます。要するに、物事を一方通行で捉えてはいけないということなのです。４章で取り上げたテーマ「インタラクティブ（双方向）」ということです。

前世で逆の体験をしていると思えば、今世で被害者の立場に立たされたときも、少しは穏やかに対処できるのではないでしょうか。

この相対変換の法則は、夫婦、親子など家族の関係にも当てはまります。どんな人との関係でも、愛の部分もあれば、恨みの部分もあるのです。牢獄星である地球では、まずはこの恨みを愛に転換させる努力から始まるのではないでしょうか。

＊70億人のうちの一握りにしか出会えない必然性

私が強く思うことは、この地球上に70億人もの人がいるのに、出会える人はほんの一握りしかいないということです。そこに、私はある種の必然性を感じるのです。被害者加害者の関係がなければ、70億人ほとんどの人と出会えてもおかしくないと思うのですが、でも、たった一握りの人としか出会えないのです。

しかも、出会えたとしても、その出会いの質はさまざまで、親密度も人によって大きな違いがあります。

親密な人ほど、反発心もあれば、逆に深い愛情を感じることもあります。嫌な気持ちや憎しみを感じるにもかかわらず、どうしてこんなに心が惹かれたり、愛情を感じたりするのかと思ってみると、やはり、感情が動く人たちとしか必然的に出会えないのではないかと思うのです。

そこが、地球に生まれてきた問題性と課題性というところにリンクしてきて、自分自身の愛のキャパシティというところにつながります。

つまり、過去世で自分が加害者だった場合は、今世で被害者になることによって、愛のキャパシティを深めることを学びます。過去世ですでに加害者の立場は経験済みですから、加害者の気持ちはわかっています。そして、今世で被害者の経験をすることで、加害者と被害者という両方の気持ちがわかれば、そこで感情も収まるようになります。

そうなったときに初めて人との出会いの運というのが、より如実に理解できるのではないかと思います。人生100年時代と言われている現代において、私はまだわずかな人としか出会えていないと思います。それでも一期一会ということは非常に強く感じるところです。

これからの人生、あとどれくらいの方との出会いがあるかわかりませんが、すべて愛の人格者に近づき、ひいては眩《まばゆ》い光いっぱいの魂の世界、宇宙が待っているという思いで、一期一会を大切にしていきたいと思っています。

＊地球全体の次元が上がれば地球の役割も変わる

少子高齢化が進む日本において、近い将来、人口の4割が外国人という時代がくると予想する向きがあります。

今でさえ、コンビニやファミレスに行くと、外国人の方はたくさん働いていらっしゃるので、この意見はあながちありえない話ではありません。

しかし、日本の果たす役割は世界の中でも非常に大きいと思います。トランプ大統領と対峙できるくらいの力は内在していると思いますが、戦後、強固な日米同盟を結んだことで日本は米国の傘下にあり、他の国から見ても、野党からも、安倍首相はトランプ大統領の言いなりだという意見も致し方ないところはあります。

しかし、一方で、日本には、「世界の……」と銘打たれる企業がたくさんあります。それも高度成長期の昭和から平成と下り坂ではあっても、やはり、日本という国は世界から注目されているからです。それも、第二次世界大戦でアメリカによって唯一被爆国となったいわゆる被害者になった日本が、加害者であるアメリカを同盟国として受け入れたところに、日本という国の運気が開けたのではないでしょうか。

とはいえ、今、日本の人口はどんどん減っています。それに対して、中国やインドの人口は増え続けています。インドは、ＩＴ産業を中心に経済発展を遂げ始めていますし、もともとゼロの発見はインドだと言われるくらい数学の歴史があるので、優秀な民族なのでしょう。今はまだインドはＡＩに関しては出遅れていると言われていますが、インドのコンピューターの技術や民族の多様性を視野に入れると、インドは、これから世界を担っていくことになるかもしれません。

実は、このように人口が増えていく国もあれば、なかなか人口の増えない国もあります。国の人口が増えているということは、結局、その国に合ったレベルの魂がその国と相対するということになります。これを「集合意識と群れの法則」といい、私たちは霊性の次元で群れをつくっています。

そして、地球全体のレベルを上げる役割を果たしているのが日本だと思っています。明治以降、日本の人口は飛躍的に伸びました。それは、長い鎖国の時代を経て、異国の文化が入ってきたことと深い関係があります。

つまり、「合分合の原則」によって相対変換が起こりました。鎖国時代は異国と「分」の状態だった日本が、明治維新以後に開国し、異国との交流を深めるようになって「合」になった瞬間に、そこにまた新しい文化と文明が発達し、「合分合の原則」に従って、進化のメカニズムとシステム通りに日本の精神性はどんどん上がってきています。宇場先生の著書『ゼロの革命』に、「合分合の原則」について詳しく書かれていますので、知りたい方は読んでみてください。

同時に、他の国もどんどん標準化されていき、そうすると、地球全体の次元のレベルも上がっていきます。地球全体の次元が上がるということは、人間一人ひとりの精神性が向上しているということになります。

一方、地球の次元のレベル以上に次元が上がった魂は、輪廻する必要がなくなり、もう地球に来なくてもよくなります。地球と同じような惑星、銀河系ないしは島宇宙まで行ってしまうかもしれません。広大無辺の宇宙に無数に存在する星の中の、地球レベル、もしくは地球より少しレベルが高い惑星に生まれ変わる場合もあれば、ひょっとすると、また地球に輪廻してくる場合もあります。

このようなことは、地球だけを範疇《はんちゅう》に考えてしまうと、いったいどうなってしまうのだろうと疑問を持つかもしれませんが、ある次元のレベルに達した魂が行くべきところはあるのです。

物質世界の意識でその人が亡くなれば、地球か、地球と同じようなレベルの惑星に生まれ変わることになります。

自由法則ゆえに、その人の使う意識によって、生まれ出たときよりも次元が下がる人もいますが、基本的には宇宙に存在するものは、すべて向上心に方向付けられていますので、歴史を振り返ってもわかるように、牢獄星である地球であっても、次元が上がっているのです。今後、ＡＩの出現により地球の将来がどのようになるかはわかりませんが、宇宙の中の地球の役割も、今とは違う方向に向かっている可能性だってあるのではないかと思っています。

＊無機物と有機物の相対変換の時代がやってくる

日本など先進国では少子化が問題になっていますが、今、地球全体の人口は爆発的に増えつつあります。70億が１００億に達するときがすぐにくるとも言われています。

地球はものすごくレベルの低い星ですが、レベルの低い魂だけが増えているとはいえません。進化の方程式からすると、以前よりも高いレベルの魂も増えているといえます。

例えば、太陽系に目を向けてみましょう。太陽から数えて水金地火木土天海の惑星がありますが、太陽に近ければ近い星ほど、とても荒れた状況と思われます。しかし、地球の次元が上がるということは、その荒れた惑星の次元も上がらないと、調和と秩序を保つことができません。

ですから、調和と秩序を保つために、地球よりもレベルが低いところにいる生命体の魂が、地球に来ている可能性があります。

地球の人数が増えているということは、どこか人数が減っているところがあるはずなのです。必ず、そこは上手に配分されているのです。これが、この宇宙のすごいところです。

また、地球が次元を上げるという点では、人間以外の動物や植物や無機物も無関係ではありません。そういう意味では、動物も人間レベルに次元上昇するかもしれませんし、もしかすると、人間を超えてしまうかもしれません。

そうした観点から、ＡＩという無機物と人間という有機物を考えてみましょう。これからの時代、有機物が少なくなっていくと同時に、無機物が増えていくという時代が来て、それなりにバランスが取れるであろうと私は思っています。

例えば、この世に存在する多くの無機物を、私たち人間は無機物として扱っていて、人間が支配していると思っています。しかし、これが、「相対変換の法則」によって逆になる時代が間もなく来るでしょう。

日本では、高齢化が今よりももっと深刻になる、団塊世代のさらにそのジュニアが65歳以上になる２０３５年を想定して、経済、介護、医療などの諸問題を考察し、２０３５年問題と言っていますが、この現象はもっと早くなる可能性が多分にあるのです。

確かに、人間は利便性のために時間という概念を作り、お金を発明しました。動物や植物には時間は関係なく、人間の利便性のために作られた概念なのです。しかし、結局、自分たちが作った時間やお金に支配されています。利便性を求めて作ったものに支配されて人は自由ではなくなりました。ＡＩが今まさしく、それにあたると思うのです。なぜなら、私たちはすでに、スマートフォンやインターネットを開発し、利便性を得てしまいました。人間は、一度手に入れた利便性を手放すことが難しい生き物です。その証拠に、家にスマートフォンを忘れた一日を想像してみてください。

このようにＡＩによって、人間は自由になり、利便性も増えました。しかし、その一方で、ＡＩがなくなった瞬間に不自由になってしまうという現実があります。これは、すでに、ＡＩに支配されているといえるのではないでしょうか。

ＡＩの支配から逃れるためにどうすればいいのでしょうか。それを考えたとき、やはり、ＡＩに勝てる唯一のものは心の部分です。とはいえ、ＡＩに心がないと侮ってはいけません。

例えば、フェイスブックのマーク・ザッカーバーグ氏が、コンピューターのプログラミングのときに、ＡＩ同士で会話をさせたことがあります。すると、人間がわからない言葉を話し始めたのです。しかも、ＡＩの次元は、一度作ってしまうとそれを完全に消すことができません。

それは例えば、誰かがツイートしたものを他の誰かが瞬時に読み取って拡散したら止めることができないことと同じなのです。このようなことが日常茶飯事になる時代がすぐそこまで来ているということです。

現に、中国は、AIですべてを管理している国です。したがって、顔認証で犯人がすぐに捕まってしまいます。習近平国家主席のひと言で、カラスも黒から白になる国です。天安門事件も真相は闇に葬られました。

AIに管理される社会は、やろうと思えば、どこの国でも簡単にできてしまう時代になるでしょう。

日本は、そこのところを人権問題として守ってきました。人権を優先するがゆえに、AIの導入には後れを取っているのです。

しかし、日本もいつか、AIに支配される国になるのかもしれません。すでに、私たちの知らないところで着々と進められているのでしょうか。私は、そんな地球にはもう二度と輪廻により帰ってきたくないと思っています。

思えば、漫画家・手塚治虫が『鉄腕アトム』で縦横に走る高速道路を描いたとき、そういう世界が出現すると思った人はいませんでした。しかし、今それが当たり前になっています。それを考えると、今は『ターミネーター』などの映画で繰り広げられている世界が現実になるかもしれないのです。

しかし、自由な世界がどこにあるのか。そのためには、とにかく自分の意識を自由にするしかないのです。

＊魂の癖がナショナリティを選ぶ

「集合意識と群れの法則」から考えると、日本という国では、善くも悪くも似通った魂の癖が、結果として、日本人というナショナリティを選んでいるのでしょう。第二次世界大戦で唯一の被爆国となった日本が、米国を受け入れることができるほど、かなりのことまで許容できる心の広さを持つのが日本人です。そうした人々が集まっていることが、日本人としての「集合意識と群れの法則」だと私は感じています。

とはいえ、ナショナリティの違う者同士が共存している地球上において、日本人のナショナリティが通用しない場面も散見されます。やはり、日本人の本質を失うことなく、対峙していく知恵が必要です。

日本人には日本人としてのモットーや信念があります。

国内における最後の戦いになった西南戦争のときも、敵味方にわかれて戦いましたが、日本のナショナリティを守るという点では敵味方を問わない戦いだったといえるでしょう。実のところ、意見の違いはあれ、誰もが日本を守るためにどうしたらいいのかを必死で考え、懸命な戦いだったのです。

そうしたことを踏まえると、知らず知らずのうちに備わっているものがあるのだと私は思います。現代においても、さまざまな意見が飛び交っていますが、確かなことは、日本を売ろうと考える日本人はいないということです。

日本が歩んできた道を振り返ってみても、現在行われているさまざまな議論のさまに鑑みても、そこには厳然と、日本人のナショナリティや精神性が存在しています。決して屈することのない大和魂が備わっているのです。このようなことを垣間見る度に、私は本当に日本人に生まれることができたことを誇りに感じます。

＊ロシアの成蕙琳のお墓へお参り

今、私たち日本人が心を痛めている問題の一つに、北朝鮮による拉致問題があります。5人の被害者が帰国してのち、問題は一向に進展せず、ご家族は高齢化し、亡くなった方もおられます。

政府は、制裁を科したり、条件をつけない対話を呼びかけたりしていますが、金正恩委員長は、対決姿勢を崩そうとはしていません。こうした状況から考えると、北朝鮮における彼の立場がわかるような気がします。

金正恩だけではなく、先代の金正日もまた、暴君のようでいて、実は陰であやつる人々がいたはずです。そうでなければ、何十人もの人が粛清されるはずがないのです。彼の国では、これほど命の価値が安いということなのでしょう。粛清が、権力を保つための最悪の手段となっているのです。

そういう意味で、金正恩の異母兄弟の兄である金正男は気の毒でした。本来ならば、兄である彼が北朝鮮の指導者になってもおかしくないのです。もしそうなっていたとすれば、陰であやつる人たちがいるとはいえ、少しは違う国になっていたのかもしれないのです。

異母兄弟だったために、怨みの関係が生じたのでしょう。私は、金正男が悲惨な死を遂げた後、ロシアへ行ってきました。なぜならば、ロシアには金正男の母親である成蕙《ソンヘ》琳《リム》のお墓があるからです。

彼女は、金正日の最初の子どもを身ごもった妻でしたが、夫との仲がうまくいかず、精神的な病に侵され、ロシアに送られたそうです。監禁状態のままロシアで亡くなり、帰国をよしとしない母国に見放され、ロシアに埋葬されたようです。

なぜ、私が金正男のお母さんのお墓参りをしようとしたのか、それは、あの当時、一触即発の時期だったからです。日本では、間もなく北朝鮮のミサイルが飛んでくるのではないかとされ、Jアラートが鳴り続けていました。

私は、パラレボ理論に当てはめ、このまま放っておいてはとんでもないことが起きると思いました。金正男が亡くなったことで、地下の成蕙琳は、せつない気持ちでいっぱいだろうと思ったのです。これは、私の意識に入ってきたことです。物理的なことを考えれば、時間もお金も労力もかかりますが、それ以上に、意識はインタラクティブであること、そして自分の意識を大切にすることが、自分を愛することにつながると、パラレボ理論を通して痛感していたので、即行動に移しました。

もちろん、ロシアに行かずとも、意識でつながることはできます。しかし、彼女の立場で考えれば、意識でつながるのではなく、直接来てくれれば喜びは2倍にも3倍にも大きくなるでしょう。例えば、自分が入院していたとします。そのとき、メールで励まされるより、直接会いにきてくれて、「大丈夫?」と言われるのとでは、嬉しさが大きく違います。

愛する息子が建ててくれたお墓のある場所は、成蕙琳との相対性原力をより強く結ぶことのできる一番わかりやすい場所だと思ったので、ロシアまで出向いたのです。

直接出向いて無念な気持ちを察し、いろいろな思いをその場に行って理解したいと思ったのです。金正男と金正恩委員長との確執の原因は、それぞれの母親である成蕙琳と高《コ》容《ヨン》姫《ヒ》との確執が原因です。

私は、お墓参りをすることで、この確執を収めたいと思ったのです。高容姫のお墓は北朝鮮にあって会いに行くことができません。そこで、せめて成蕙琳のお墓参りを思い立ったということです。

もしかすると、これは応急処置にすぎないのかもしれません。けれども、ミサイルが頻繁に飛んでくる毎日を過ごすよりは、安寧に過ごすことができるのではないかと思い行かせていただきました。

多くの方が、パラレボ理論による捉え方を知らず、一触即発の危機に手をこまねいています。ですから、知っていてやらないのは怠慢だと私は思いました。もちろん、初めてのところで不安もありました。でも、今振り返ると、やはり行ってよかったと思っています。

愛するということは、とにかくさまざまな人やモノや現象を通して、自分の心、そして意識をとことん理解していくことだと思っています。そのときに、それまでずっとあったのに、無意識だったから気付いていなかった新しい自分と出会うことができます。それが、善い心癖のときもあれば、悪い心癖のときもあります。でも、善いとか悪いとか以上に、新しい自分に出会えたことに大きな意味と意義を感じるのです。それは、「人生の目的」がしっかりと理解できているからこそ感じることができると思っています。

38億年の年月をかけて、私はやっと地球での「人生の目的」を知り、毎日を送ることができ、知る前とはまったく違った意識で今を噛み締めることができることに幸せを感じています。

第7章

若者の悩みの実例

――研究会の生徒さんより――

坂下洋三さん（仮名）の場合

自分の意識次第で変わることができる

＊自分の悩みは本を読んで自己解決するしかなかった

私は幼いころ、どちらかといえば内向的で、身の回りのことになんでも興味を示し、答えのないような「問い」を考えることが好きでした。

例えば、「何のために生きて死ぬのか？」「生きる意味とは何なのか？」「なぜ争いがなくならないのか？」、ひいては根本的なところで「人間とは何か？」といったことを考え、その答えを探し、本を読むようになりましたが、それは少し大きくなってからのことで、他人から見れば考えても答えがないようなことに関心を持つ子どもだったと思います。

きれいな虫を見て「こんなにきれいなのに、なぜ誰も見向きもしないのかなあ？」とか、「どうしてお昼寝の時間になったら、眠くもないのに寝させられなければいけないの？」などと考えてしまう子どもだったのです。そして、みんなで同じことをするのが苦手で、ごっこ遊びの楽しさがわかりませんでした。

幼少期の花や虫などの生き物、空などの自然が美しいと思う心の感覚と、その自然に対する「なぜなの？」という問いが同居していましたし、友達付き合いで生じる疑問や、教育上教わる「何々しなければダメ」という抑圧に対する疑問も心に同居していました。おぼろげながら、何か違うなという感覚が芽生えたのもこのころでした。

やがて小学生になると、「感性」という言葉を知り、自分は独特な感性を持っているのだと自覚するようになりました。そうわかると、同年代の人が関心を示さない哲学的なこと、内面的なこと、目には見えないことに対する考え方などに余計に興味が湧き、そのような話題に関連する本や、著者のインタビュー記事などを読み、その意見の意味を考えてみるといった、知らないことへの探究が好きになりました。

詰まるところ、興味や話題が大人に対して向けられていました。

しかも、それを誰かと共有したいと思ったことがなく、想像力を働かせられる夏休みの誰もいない図書館が大好きだったのです。当時の私は、自分の悩みを解決する術を、本に求めていたような気がします。

要するに、私の幼少期は、自分自身の独自の感性と悩みの対象が、他人と異なることを感じながら過ごしてきたということです。他人との差異に疑問を抱きつつ、答えを見出せずに集団の中で生活をしていたのです。

*いじめや人間関係に悩んだとき

私にとって、当時の悩みといえば、やはり人間関係だったと思います。興味のない課題や勉強に取り組みながらも、のびのびと生きている友人に違和感を覚え、もっと大事なことがあるのではないかと考えてしまう人間でした。

私は、ひたすら本の世界に入り込み思索ばかりしていたわけではありません。友人とゲームをしたり、おしゃべりに花を咲かせたり、楽器をいじったりという時間も持っていました。

おそらくこれは、自分だけの世界を守るためだったと思います。しかし、それにもかかわらず、いじめを受けたことがあります。小学校3年生のときでした。

嫌な記憶なのでよく覚えていないのですが、私の中で、集団グループに対する帰属意識が薄らいでいったことが原因だったのかもしれません。付き合いが悪いと見なされて疎外され、性格の特徴を揶揄する友達のグループに、無理に自分を合わせることが苦痛で仕方がありませんでした。

私の場合、いじめの期間は長くはありませんでした。早々にそのグループに見切りをつけたからでしょう。グループから外されないために迎合するのではなく「俺は俺」という姿勢で臨んだのがよかったようです。

しかし次第に、「皆と仲良くしようと頑張らなくてはいけないのか？」という思いが募り、人の個性を認めるということと、人に対してどこまで協調性を持たなければならないのかという、自他分離の境界線をどこで引けばいいのか、日々葛藤していたのです。

こうしたいじめ体験や周りとの視点の違いに戸惑いを感じつつ過ごす日々を送りましたが、他者との関係性の中で、自分の異なる特性や個性を、やがて抑制することを覚えていくようになります。

悩みや自分の青さや未発達な感情部分など、私の世界を外に出すべきではないと思うようになったのです。そして、青年期になっていい子を目指そうとしたり、他人に過度に合わせたりするようになります。

つまり、自分で内面的枠組みを作り上げ、そこに落ち着くことで自分を肯定しようとしていたのです。

＊職業云々よりも、こういう大人になりたい！

しかし、自分だけの世界に浸っていても、私は高校生になるまで、自分の感性を築いて、「こういう人間になりたい」というイメージを持つことはありませんでした。「こういう大人になりたい」というよりは、「こんな大人にはなりたくない」という気持ちのほうが強かったのです。

例えば、周囲に高圧的にものを言う人、決めつけで人を判断する人、人をあげつらう人などなど、なりたくない大人のモデルがたくさんいました。なりたい先を探したのはやはり本であり、結局、私がなりたい大人は「人のためになれる大人」だという結論に達したのです。

そういう目で見回してみると、私がなりたい大人のモデルはたくさんいます。どんな職業であれ、本物には共通点があり、彼らを見ていると、とてもワクワクします。自分らしく生きていて、すごくいきいきとしているからです。それを自分にインプットして、自分はどちらに行きたいのかという煩悶を内面で繰り返してきました。

*仕事の現実と自分の志にギャップ

多くの仲間と仕事をしていれば、自分の思いよりも「プロならばこうすべき」という共通認識が優先されます。前提にある、最善の方法でよい結果を得るという、仕事に対する認識はみな同じだと思います。これはどのような職種でもいえることではないでしょうか。

ですから、あえて私の職種は明かしませんが、最初は仕事を選んで修業に明け暮れ、それが生き方のすべてだった私にとって、「あれ?」と思うことが多くなり、生き方が揺らぐというか、「自分はどうしたいのか」と自問するようになりました。

時間的にも仕事が占める割合は大きいので、どうしても職場の人の影響を受けることになります。職場全体で、上司の価値観や考え方やルールなどに対する共通認識が必要だからです。

しかし私は、利益さえ上げていればいいという認識に興味を持てなくなっていきました。あまり人間らしくないなと思ってしまったのです。そして、人生とか生き方とかを改めて考えるようになりました。

その後、転職した職場では、上司にも恵まれ、比較的理想に近い働き方ができるようになり、現在に至っています。それでも、利益優先の現実は変わらず存在します。同じような悩みを抱えている仲間もいましたが、みな愚痴をこぼしているだけで、そこで止まってしまっています。

そんな状況のとき、SNSの投稿記事で偶然見つけたのが「セルフ・ヒーリング実践研究会」だったのです。

＊「人生の目的」を教えてくれるところが見つかった！

実は、私がネットを見て「ここだ！」と思った理由は、はっきりとは覚えていません。投稿記事に、「人生の目的」というようなタイトルがついていたような気がします。その内容に惹かれるものがあって、これは聞いてみたいなと思ったように記憶しています。

先ほどから述べているように、これまでも人生について悩むことが多かったので、やはり「人生の目的」という言葉に目が行ったのだと思います。

その悩みを解決するために、これまでも、いろいろな自己啓発本を手にとって読みあさっていました。しかし、どれも、「成功法則」など胡《う》散臭《さんくさ》い内容が多く、表面的なことしか書いてありません。

「もう飽きてしまった」という心境になっていたときでした。やはり、本を読むだけではなく、何か行動を起こさなければ変わらないと思いついたことが、パラレボとの出会いのきっかけになりました。

人は悩んでいるとき、同じところをぐるぐる回って、同じ考えにはまってしまうものです。その状態から脱するきっかけが、この研究会だったのです。

ここで、自分の状況を知り、何が悪くて何をしていけばいいのかという命題に整理をつけることができました。また、頭ごなしに否定する人がいないということも救いでした。職場では、命令口調が飛び交うことが当たり前だったからです。

私にとって新鮮だったことは、「自分主体の考え方」の大切さを教えられたことです。それが面白くて、自分で人生を切り拓いていきたいと思っていた私は、大いに共感できたのです。

自分ではわからないのですが、雅先生がおっしゃるには、1週間ぐらいで私の顔が変わったそうです。すっきり感があって、迷いがなくなった人の顔をしていると言われました。

*「意識」の話を聞いて霧が晴れた

言われてみれば、悩みがシンプルになって、霧が晴れたような感じ、殻を破ったような感じは確かにありました。

入会した当時の私は、怒りっぽく、えこひいきをする職場の上司に悩まされていましたので、自分の中に勝手に邪心を作り、同じところをぐるぐると回っていたのです。それが「人間関係」というテーマの話を聞いたとき、「意識」という言葉の本当の意味を教えられ、目からうろこが落ちる思いをしました。それは、自分を意識して、自分に視点を置いて内面を見つめ、冷静に意識的に自分の感情を見つめることです。その結果、意外に悩むことでもないなと、大きく視点が切り替わりました。必要ではない消耗をしていたことにも気づきました。これをやれば、もっと楽に生きられそうな気がしてきたのです。

また、これまで否定的な目で見ていた邪心ですが、それを認めることで、自分と自然に向き合えるようになりました。嫌な部分を抱える自分も自分の一部と思えるようになったのです。以来、物事が自然に運ぶようになりました。

私の悩みに対して、これまで幸運の壺を売りつけようという人もいたので、私は、人を見て、話してみて判断しようと思ってこの研究会にやってきました。パラレボの人は大丈夫そうと思って話を聞いているうちに、心の霧が晴れる状態にまでなったのだと思います。

自分自身の性格的に変わっていると思う部分や、負の感情的側面を、基本姿勢として認め、受け入れ、愛してあげることが大切だとわかりました。

また、他人に承認を求める行動は、過去の感情記憶に支配されているだけであって、無理をして学校教育で学んだり、さまざまな経験により苦しんだのは、心癖由来であることも知りました。

したがって、真の意味で自分の人生を生きるということは、今の自分自身を愛し、ありのままで成長していく姿勢のことだと改めて気づき、理解しました。

今の自分が幼少期の自分へ声をかけるとしたら、「自分らしく生きていい」「ありのままの自分は素晴らしい」と伝え、自分自身に許可を出してやりたいと思いました。

＊他人を変えるよりも自分を変えよう

あれこれ煩悶していた当時、私の一番の悩みは、感情の波が激しいところでした。

気持ちが高揚しているときは極端に高揚し、落ち込むときは猛烈に落ち込むので、どちらの状態にあっても、心の安定は得られません。

でも、この研究会でのお話から、こうした感受性の高さは悪い側面だけではなく、いい側面もあるのだと、つまり二極性で考えればいいのだということを教えられました。そこに人間らしさを覚え、自分のあるべき姿を探すようになったのです。

他人を変えたいと、相手の目線に意識が行き、変わらないことに苦しんでいた私でしたが、自分にベクトルが向いて、内面を意識するようになってから変化が起こりました。つまり、自分が変わることで、おのずと他人が変わるということです。

これは、私にとって大きな収穫でした。仕事でいろいろな人と向き合うときの、あの苦しみが解消したのです。

＊愛や思いやりのある言葉を使ったか

今まで私が抱えていた悩みは、考えても仕方がないという環境しかありませんでした。そういう問題は職場で考えるものではないという雰囲気でした。そういうことは仕事のスキルをしっかり磨いてからにしろということです。

もちろん、多くの先輩の中には技術的にも人間的にも尊敬できる人はいました。しかし、なぜかその先輩たちは、どこか悟ったような顔をして辞めていってしまいました。

これまでの仕事を辞めたのではなく、「ここでやることはやったからもういいや」という感じで田舎へ帰っていったのです。信頼していた人がいなくなると、やはりモチベーションは下がるものです。

とはいえ、私は、その先輩たちに対して、私の心に深くある思いまでは話せませんでした。やはり、仕事に絡んだ話の域を脱することはなかったと思います。それを話すと「え！」という感じで引かれてしまうのが怖かったのでしょう。

海外ではよく、そういう話をフランクにしたり、友達同士で話したりすることができると聞きますが、日本ではなかなか難しいものがあります。

例えば、「おまえってどういう人間なの？」などと問われることがなく、私という人間を、名前ではなく名刺の肩書きで判断されることの息苦しさを感じることが多かったのです。とくに社会に出ると、その傾向が顕著になりました。そこに、私は違和感を覚えましたし、第一に、人間として不愉快でした。

ビジネスによく使われるレッド・オーシャンという言葉があります。企業同士の壮絶な戦いを、海で血だらけになりながら食べ物の奪い合いをするサメの戦いになぞらえたものです。このような企業観に私はどうしても違和感を覚えてなりませんでした。

私がなりたかったのは、「人のためになれる人」「他人の要求を叶える人」「自分の幸福はそっちのけ」というような人でした。

でも、こういう場を与えられて、私は、相手に対して過度な期待を持たなくなりました。相手を変えたくなったときには、自分にベクトルを戻そうとしています。自分の邪心に対してどう対応したらいいのかを考えるようになったのです。

パラレボで「自分を大切にすることの重要性」を学び、それがわかって初めて本当の意味で他人のためになれるということも学びました。そして、お金や欲に生きる人生は正しい道ではないと気づきました。生きる意味や目的の再構成と、今自分が成すべきことがわかりました。それが幸福へ向かう道だということもわかりました。

具体的に言えば、愛や思いやりのある言葉を意識して使うようにしたり、それが自分の自己成長につながっていることを確認したりするようにしています。

職場では、みんなそういう言葉は口にしないので、最初は恥ずかしい気持ちもありました。でも、自分は変わるべきだと思いましたし、仕事で多くの人と向き合うときにはこうしたいとか、こういう目的意識を持ってやろうとか思ってやっているうちに、自然にできるようになりました。

とくに、人と心が通じ合えたと思えたときや、相手が自分の気持ちを話してくれるようになるなどのいい反応が、こちらから望まなくても自然に出てきたときは、自分でも「すごい！」と思います。

生き方や自分の内面を自分でトリートメントする、自分の幸せ状態を自分で創り上げていく、日々の心持ちを変えていく取り組みなど、自分の実践に重きを置いて、自分の幸せに自分で責任を持つ、受け入れ難い感情に対してどう扱うか、などなど考え続け、実践したことが大きな効力を生んだのだと思っています。

雅先生に、「感情が豊かだから邪心に気づきやすい、それが良かった」と言われたことも、私を励ましてくれます。これでいいのだと思えるからです。

*自分のコントロールがうまくいっているのがわかる

研究会に出会うまで、自分の疑問や違和感を解決するために、自己啓発本を読んだり、紹介されて人に会ったりもしました。

しかし、お金を稼ぐ方法や自分の欲を叶えるための投資術などの話題がほとんどで、それらは「外」(肉体的なこと)に幸せを求めるもので、詰まるところ、すべて今の自分を否定した上で将来に希望を抱かせるものでした。

そんなビジネス丸出しだったり、耳当たりのいい言葉や明るい未来像を聞かされたりしても、外に幸福を求めているのと同じで自己の内面は満たされなかったのです。

雅先生がおっしゃるには、当時の私はもっと斜に構えていて、人を簡単に信じないという波動が出ていたそうです。

今の自分が、すっかり変わったというわけではありませんが、自分のコントロールはうまくいっていると思います。

周囲には「どうせ俺なんか……」「そうは言っても……」が口ぐせで、それ以上の行動を起こさない人が大勢います。

その点では、じっとしていられず何とかしたいと思って、すぐに行動を起こして本当によかったと思っています。

行動を起こさなければ、変われずに、ぼやく人になるだけです。何もやらないで悩んでいるのは無責任と言われているような気にさせられます。パラレボは恩着せがましくないというか、最後は自己責任と言われているようで、やるしかないという気持ちになります。

思えば、最初に信じられたことは、投稿記事の内容でした。こういう変化があったとか、こんなことがあったという言葉に真実味があったのです。悩む自分につけこんでくるようなお金の話がなかったことも信じようと思った理由だったと思います。

まだまだ奥が深く、教わっていないことも山ほどあると思うので、これからも学びたいと思っています。

竹内里子さん（仮名）の場合

「意識」は自分が生み出している

＊なんのために生きているのか、愛とはなにか

SNSの女性の投稿でセルフ・ヒーリング実践研究会のことを知りました。おおよそ投稿文は短いものが多いのに対して、それは真剣味や誠実さを感じさせる長い文章で、決して、勧誘やビジネスではないということが最後にきちんと書かれていました。投稿者が女性であったこと、ビジネスではありませんと明記されていたことで、とても安心感があり、行ってみようと思いました。

私はもともと精神的なものや哲学的な話に興味があって、そのような記事や投稿、教えてくれるようなところを探していたのですが、高校生までは地方にいたので、そのようなことが学べる場所は見つかりませんでした。

未成年ということもあり、よく知らない人にそういう話を伺おうとするのは、女性

として危ないという気持ちも強くありました。

ですので、大学へ行くために上京したとき、ひょっとしたら東京にはあるかもしれないと思い、19歳になった直後でしたが、応募してみたのでした。

本はあまり読まなかったのですが、もともと私は考え込みやすい性格なので、高校生のころは通学時間が2時間くらいあり、その間、ずっと「どうして生きているのか」とか「何のために生きているのか」ということを考えていました。

そんな話を友達にもすることがあるのですが、「哲学っぽいね」と言われて、「そうか、哲学っていうんだ」とそのとき思いました。

そのようなことを考え始めたのは、本当に小さいころからで、変なところに関心を持っていました。「なぜ生きているのか」ということに疑問を持ち始めたのは、中学か高校のころで、「愛とか愛情って何だろう」ということも考え始めていました。

このようなことも、今ではパラレボ理論のおかげでやっと捉えることができました。

実は、私は研究会に来る前に、自分の考えを携帯のメモ帳に書き留めておいたのですが、初めて雅先生の『人生の目的』という講演を聞いたとき、私がまとめた内容と講義内容がとてもぴったり合っていて、自分でも驚きました。

それは、世の中の価値観という内容も多かったのですが、愛情の話や、自分の答えを探すこと、自己愛を磨くこと、他には、善いことも悪いことも全部含めてどちらも大切なのだから、善い悪いと決めつけずに、どちらもあるから存在できるということなど、どこまで自分の考えと合っているのか確かめるという感じでした。

でも、私が思っていたこと以上に奥深いものがあるということを知って、本腰を入れてパラレボを学んでみようと思い立ったのです。

＊美術系の高校から美大へ

高校は美術系だったせいか個性的な人たちばかりでした。入学したとたんに、中学生のころと比べると価値観が一気に変わり、いろいろな人がいることに驚き、アートをやるということは、これほど感性が自由で面白いのだということを知りました。

水彩画、油絵、音楽などを専攻する人も多く、本当に自由で自分を認めている感じでしたが、今から思えば、やはり自己慈愛がないので、非常に病んでいるというか、病みながら作品を描いている人もいたと思います。

その病みながら描いている作品は、当時の私から見るとすご過ぎるのに、本人はそのすごさをあまり認めていないようでした。それでも、世の中に出ている作品と比較すると、とても自由にその人の発想力を表現していると私は感じました。

普段、個人として生活している自分のことは自分で認められなくても、作品を通して自分自身を表現した、まるで分身のような存在を、しっかりとかっこいいと認めていけるのだというところに、私自身はとても魅力を感じていました。

その人たちは、人から認められたとしても満足するわけではなく、描き終わって自分が駄目だと思えば人から褒められようが、この作品は嫌だという調子で、わが道を行くタイプの人が多いように思いました。

美術系の人たちは、一般的に見るとちょっとおかしい人がほとんどです。ルーズで時間を守らないこともあります。そんなところが普通とは外れているように思われるのですが、本人たちはそれが自然ですし、彼らなりにとても真面目に取り組んでいるのです。

また、アートを通して感性というものが違うところが、私はとても面白いと思い、いろいろな感性豊かな人たちともっと触れ合いたいと思ったのです。

実家はデザイン制作も含めた印刷業を営んでいます。ですから、やはり環境からすれば、デザインなどに興味を持つのはごく普通の成り行きだったかもしれません。

今、私はグラフィックデザインという、パソコンでデザインするアートを専攻しています。

私がグラフィックデザインを描くときは、自分を発見したいという思いもありますが、授業でテーマに沿った課題で作品を提出しなくてはいけませんので、テーマに沿いながら、かつ自分の個性も出したいという気持ちで作品を描いています。

そして今は、たまたま出来上がった自分の作品を見て、自分はこういう作風が得意なのだと自分を知る段階にあります。芸術作品というものは、内面から出るもので外からの制約を受けないと思いますが、グラフィックデザインは発注があって成り立つところがあります。制約がある部分で自分を出していくという意味では、制約があるからこそ面白いというところもあるかもしれません。

ところが最近、音楽を作る授業がありました。小さいキーボードに打ち込んでいく淡々とした作業で、音を入力していき最後には曲を完成させるのです。音楽はとても好きなので、初めて自分で作曲してみて、とても楽しいことに気づきました。

最近では音楽もやってみたいと思うようになり、メロディーを作って絵に合わせられたら楽しそうだなと思っています。

＊「意識」は自分が生み出している

雅先生の『人生の目的』の講演を聴いたとき、初めてハッとするほど驚かされたことは、「『意識』は自分が生み出している」ということです。

これまで、不快な気持ちになったときなど、物理的な原因が自分の外からやってきたという感覚と、自分の中から生み出しているような感覚が同時にあったのですが、不快な気持ちもすべて自分の内から生み出していると聞いて、「ああ、やっぱりそうだわ」と思いました。

相手に暴言を言われたときでも、むかつくか、むかつかないかは自分次第なのです。それを許せる自分のほうに価値があるということがわかりました。

イライラしてしまうことは、結局、自分に傷をつけているような感覚がずっとあるのです。自分がそうしてしまっているのに、そういうところで悩む必要はないのではないかということに気づいたのです。ですから、あまり小さいことで悩むこともなくなります。

もし、相手から気に入られなくても、嫌われていても、それは結構どうでもいいことで、それよりも、そういうことで悩んでしまう自分の心のほうに焦点をあてようと思うようになりました。

また、同じ現象が起きても、人それぞれの価値観があって捉え方が違うから、それは善いとか悪いとかということではなく、やはり自分次第なのだということにもハッと気づかされました。

したがって、もっと自分の味方でいたいという気持ちがはっきりとしたのです。

これまで、ネットで見つかる話は、ほとんど成功するためとか、幸福になるためなど、自分の欲のほうに焦点を合わせたものばかりでしたが、私が知りたかったのはそのような都合のいいものではなく、真実や本質を説いた理論でしたので、パラレボ理論のような考え方があるのだということにも驚きました。

中学生のころから疑問に思っていたことが、一気に解明されていくような喜びがあって、ものすごく感情が高まり過ぎて、講演のあとに雅先生とお話しする機会があったのですが、感動と興奮と緊張でまったく言葉で表現ができませんでした。

自分が思っていたことが一緒だったという感動と、それ以上にそれまで聞いたことがない理論に興奮し、ありがたさと驚きで雅先生にやっと言った言葉が次のような感想だったのです。

「すごく、今、私、今までの人生で一番うれしいです!!　だけど、うまく表現できなくてごめんなさい!!」

このように雅先生にお礼を言うのがやっとの状態でした。悩んでいてよかったと思う瞬間でした。

今では、研究会の仲間とノートを持ち寄って授業中の内容を確認し合っています。

一人ひとり違う意識で聞いていますから、取り残しているところがあるかもしれないからです。そういうことができる仲間が増えたことも非常にうれしいことです。

＊無意識をどう意識するか

私は中学生のころから、何のために生きているのか自問自答してきました。友人たちと同じ時間を共有しているときも、自分自身の意識の中に入り込んでしまうときがあります。そのようなとき、周りから「話、聞いてる?」とよく言われました。

雅先生から、それは自分とは何だろうと小さいときから意識していたからだと言われました。したがって、自分の内に意識を向けることに長けていて、日々の生活の中で自問自答することに慣れているらしいのです。そのようなところが、パラレボを学んでいく中で、自分のものにしやすいところなのではないかとも言われました。

これまで、私に悪意を持って近づいてくる人はあまりいなかったのですが、悪意よりも好意を持って近づいてくる人のほうが、なんだか裏があるのかしらという感じがして怖いと思うことがありました。

知りたいという好奇心が強く、本質や共通点を見つけることが大好きだという自分の特徴ははっきりしていましたから、小さいころから動機や意図などが自他共にわかりやすいところがあったと思います。

そのせいか、私には周りの情報がたくさん入ってくるので、その情報によって心が煩雑化してしまい、そのために悩むところがあるようです。

会った人の心をすぐに読んでしまうところがあるので、この人の言ってることに裏表がないかとか、周りの人たちが「あの人いいこと言うよね」と言っていても、この人はこういう知識でこういう利益を得て動いているということをすぐに見つけてしまうところがあるのです。

また、私は寂しがり屋で、孤独な自分がずっとどこかにいることを知っています。孤独ではないのに寂しがっていることは、自分に対して申し訳ない気持ちになります。それでも、寂しいという感情はどうにもできず、自分を何とかしてあげたいけど、できない申し訳なさで「ごめんなさい」と言うしかありません。

雅先生の講演を聴いて答え合わせができたという人は、私一人だけではないようです。他にもたくさんいると聞いています。

私はまだ学生なので社会に出ていない分、幸いにも大人の社会に染まっていません。でもパラレボを実践すると、毎日の生活の中で実際にいろいろな問題が出ていることがわかるようになりました。そのたびにリセットして、また問題が出てきてはリセットする、というように少しずつ実践していかなくてはならないと思っています。

＊目に見えないものを信じる母の気持ちがわかるようになった

先ほども述べましたが、この世の中で当然とされている、これはいい、これは駄目、などという価値観ではなく、私はパラレボの、個性を丸ごと全部認めてくれるところが大好きです。

この社会では、学校の成績も会社での業績も、比べられて評価されるため、下位にならないようにみんな必死で競争しています。そんな世の中がとても怖いと思うことがあります。そのような社会に翻弄されそうなときに、セルフ・ヒーリング実践研究会に来て本当によかったと思っています。

世間が決めた価値観に迎合する必要はないと自信を持つことができました。また、どんな人でも、一人ひとりの個性を尊重できるところも気に入っています。

それが社会の役に立つか、役に立たないか、などということは私にとってはどうでもよいのであって、自分のこの80年間の人生をどうやって生きようかということに思いをはせることのほうが大切だと思っています。自分の一生はあっという間に終わるかもしれないし、反対に長いと思うかもしれません。

大学に入ってから4人の友達ができました。その友達はみなスピリチュアルや哲学が好きなので、友達と意見交換をすることがありますが、友達の話にはどこか未完成なものを感じてしまいます。私はパラレボで宇宙の真理を学んでいるので自分の中で答えがわかっていますが、わざわざ言う気はありません。

その人の中での答えがあるのだし、いつかわかるかもしれないし、わからないかもしれませんが、いずれにしても、今は自分を見つめていようという思いがあるので話しません。と言っても、ほんの少し話をしてみることもあります。

もともと私は変人と言われることが多かったので、私の言うことは理解されずに生きてきたせいか、何がなんでも自分の思いを相手に理解させてやろうなどという意欲はまったくありません。

むしろ、考えているのは自分だけということのほうに価値があるかもしれないので、開き直って言わないことにしているところがあります。

家族のことになりますが、父は非常に真面目な人で、母は少し変なところがあります。母は自然や動物に話しかけたり、毎日、太陽に合掌したりしています。宗教やスピリチュアル的なことはまったくやっていませんが、太陽に向かって手を合わせているときは、何か祈っているなと思い、小さいときはそんな母を小馬鹿にしていました。目に見えないものが母には見えているというわけでもないでしょうに、過信しているのではないかなと思っていました。そんな母のことを私は認めていなかったのですが、最近では私もだんだんと母に似てきて、母のこの気持ちがよくわかると思うようになりました。

つまり、パラレボのおかげで、母ととても気が合うようになったのです。

これまでは、帰省したときでも、ちょっとした言い争いとまではいきませんが、人の言うことを聞き逃しやすい母に対して、「違うよ」と何度も突っ込んで、自分が疲れていました。

それなのに、パラレボを学んでからというもの、帰省したとき、一度も言い争いのようなことはありません。まったく平穏です。「どうしてお父さんと結婚したの?」とか、そういうたわいもない話ですが、母の感情を素直に聞く環境を自分でつくることができるようになりました。

目に見えないものを信じる母の気持ちがわかるようにもなっていました。

実は、母はものすごく楽観的で、あまり悩まない性格なのです。そういう性格がとてもいいなとうらやましくもありました。

でも、私と母は似ているところもあります。人から何か頼まれると断れない性分なのです。母が断れなくて迷っているとき、私が代わりに断ってあげようとするのも、母が自分に似ているから、そんな母を反面教師として自分も変わろうとしているのだと思います。

*外に意識が向き過ぎたとき孤独になる

先ほど、孤独でもないのにとても寂しい気持ちになると述べましたが、そのような気分になるときの状況はおおよそ決まっています。

いつもは忙しくしているのに、たまたま日中に時間が空いたので、午後3時ごろ昼寝をすると、夕日が見えるときに目が覚めるのですが、このときが一番孤独を感じてしまうのです。

まるで、世界にたった一人しかいないような気分になってしまいます。自分は孤独にされる――。そんな現象は何も起きていないはずなのに、ほんの少し寝ただけで湧き上がる悲しさ、寂しさのような感情があって、「この先、生きていけるのかな」とか、こんな社会で生きていくのが何だか怖いという感覚がどうしても出てくるのです。

自分には趣味があるのだから趣味に没頭できたらいいようなものですが、そんなときはやりたいと思う意欲さえ湧かなくて、絶望的な感覚に陥り、一人で泣いてしまうのです。

ただ、好きな音楽を聴いて少しすると、急に元気になって、さっきまで泣いて悩んでいたのがウソのように気分が変わっているのです。そんな感情の起伏の激しさがあるのですが、どうも悩んでいた大きさと、回復したときの喜びの大きさが比例しているような気がします。

未来がわからないから不安で悩んでいたのに、未知のほうが楽しい——。そう思ってやる気も出てくるのですが、とくに何もやるわけではないのです。

何か達成したいとか、いい成績やお金が欲しいなどという夢はまったく持っていません。かなえられる技術もスキルもありませんから、将来的なことではなく、何があっても頑張って生きようというエネルギーだけが満ちあふれて一件落着します。

私は外に意識が向き過ぎて物質的になり、自分がよくわからなくなるときがあるのですが、それがおそらく孤独になる原因ではないかと、雅先生からアドバイスをもらっています。

＊芸術にも支配を感じる

哲学の授業を取ったときに、「愛は死の恐怖を超える」というフレーズがありました。映画の中でも取り上げられている言葉です。環境的に死ぬかもしれないような恐怖でいっぱいのときでも、愛している人がいることで、死ぬ怖さもなくなるというような内容です。

そのような内容も、パラレボと同じだと思って見たり聞いたりすることもあれば、ここはパラレボとは違っている、という部分を見つけて比べたりするときもあります。パラレボを知って、学校の教えがすべてじゃない、人それぞれの答えがあるのだということが理解できるようになりました。

私はパラレボをすべて理解したわけではありませんが、パラレボには答えがあるようでない感覚があります。パラレボは、本質を示してくれますが答えは自分自身で探す、というような、無理強いもしないけれど、自己責任の厳しさを感じさせられるところがあります。

雅先生からすると、私は言葉で表現できない言葉以上の感覚を持っているので、言葉の壁とものすごく葛藤しているように感じられるそうです。

だからといって、言葉ではない他の芸術で表現しようとしても、自分の中ではあまり打開できない部分があって、芸術にも支配を感じてしまうのです。

ですから、私はあまりしゃべらないという結論に至ります。

一つの言葉に入っている意味は、人それぞれ全然違っているので、誰かが感覚的に捉えたことを伝え聞いても、自分の中に構築していくことは、結局、自分にしかできないことになります。

まだまだ自分の知りたい欲求があるので、知ることができるならなんでも知りたいのですが、今は宇宙とは何なのかについて、とても知りたいと思っています。

*パラレボ理論は手段であって答えはない

人間はみな特徴として、答えを探して見つけたいという本能を持っていると思います。でも、パラレボには答えがありません。

もし、答えがあるとすれば、それは自分の中にしかないのです。

自分がこう思っていると思った瞬間に、また違う感情が生まれてきて、その瞬間にもまた違う感情が生まれてくるというように、永遠に答えがあるようでないのです。子宮生活は地球生活のため、などという理論があったとしても、それはあくまでも理論であって答えではありません。

理論として真理というものはあるのですが、では、自分がどの真理に基づいて生きていくのか――。そのようなことも、宇場先生はひと言も言っていないと思います。

雅先生は、結局、最後は、あなたはどうしたいのか、どのように生き、どう死にたいのかというところに、必ず行き着くとおっしゃいます。

要するに、答えは一つではなく、無限にあって、その無限の中に、自分の意識がどこに触発されるかによって、また次の瞬間が変わるのです。

ですから、理論というものは手段としてあるのであって、答えではないといえます。

答えを欲しがるのが人間の性《さが》ですが、これが答えだと思った瞬間、やっぱり答えかどうかもわからないのです。だからこそ、パラレボは楽しいのです。

答えが出て、そこで終了ならば、本当はものすごく虚しいことです。

さらに、雅先生はおっしゃいます。

「答えがないからこそ、今という瞬間が、すべて、意味のあることにつながっていく──。そのことが、とても奥深い部分を触発していって、自分というものの存在の意義深さや、自己慈愛の深さということにも触れてみることができるのです」

黒川信也さん(仮名)の場合

「相手を愛する動機」で実践する

*更生保護施設の人たちの役に立てたら

僕はセルフ・ヒーリング実践研究会の会員になってから、まだ数カ月しか経っていませんが、教えていただくことはとても面白く、入会して本当によかったと思っています。知りたいことがたくさんあるので授業は非常に楽しいです。

僕は更生保護施設というところに勤務している補導員です。

世の中には、非行のある少年や犯罪をした人が刑務所から出てきても、頼ることのできる人がいなかったり、生活環境に恵まれなかったり、あるいは、本人に社会生活上の問題があるなどの理由で、すぐに自立更生ができないことがあります。

更生保護施設とは、このような人たちをある一定期間保護して、円滑に社会復帰ができるように援助するところです。また、再犯を防止するという意味でも重要な役割を担っているところです。

例えば、入所者に応じて対人関係を円滑にするためのＳＳＴ（Social Skill Training ＝社会生活技能訓練）や、飲酒や覚せい剤使用の問題を改善する教育プログラムなどを行い、自立更生を促し、再出発を支えています。

入所者の中には、飲酒や薬物への依存の問題を抱えていたり、対人関係をうまく築くことができなかったりするなど、社会生活上の問題を抱えている人が少なくないからです。指定を受けた更生保護施設では、福祉や薬物に関する専門スタッフを配置しています。

具体的な生活基盤としては、自立の準備に専念できるように宿泊場所や食事の提供などをしています。日常の生活指導も大切で、入所者が地域社会の一員として円滑に社会復帰するための指導を行います。

さらに、就労支援や金銭管理など、入所者ができるだけ早く独り立ちを果たし、退所した後も自立した生活を維持していけるように必要な指導や援助を行います。

更生保護施設で働く人たちは、施設長をはじめとした補導員、調理員の他、施設内外の作業や事務に携わる職員たちで構成されています。僕が務める補導員は昼夜を問わず、入所者の指導や援助を行いますから交代制で夜勤もあります。

大学卒業後、僕は人の役に立てたらと思い、福祉方面の求人を見ていたところ、たまたまこの仕事を見つけました。新卒で仕事を始めたので、まだ4カ月です。施設の中にはいますが、直接担当を持って密に入所者と関わるという段階ではありません。今は上司のやり方を見ながら学んでいくという具合です。

当然のことですが、まだ慣れてはいないので、刑務所から出てきた人に限らず、気性の激しい人や何を考えているかわかりづらい人、威圧的な人などと接するときには、自分が萎縮する場面もあって、とても心が揺れ動くというのが現実です。

僕は中学、高校にかけて、3、4連休くらいの不登校をすることがたまにありました。意識的に学校を休みたいと思っているつもりはないのですが、体が学校に向かないという点で、自分自身をコントロールできていない時期がありました。

もともと小学校のときに、いじめを経験して、学校になじめないという感じを抱いたことがあります。それから、中学生のときに引っ越しをして、自分だけが新しい環境になり、みんなはネットワークがあるけれど、自分は一人だという孤立感のようなものがありました。

そのような挫折感を知っている自分なら、社会復帰しようとしている人たちに、ほんの少しかもしれませんが、寄り添うことはできるのではないかと思っています。

今はまだ漠然とですが、人と関わって、いい影響が与えられたらと思います。

*自分の中の意識を見つめることを実践中

僕がセルフ・ヒーリング実践研究会を知ったのは、ネットワーク上のコミュニケーションツールであるチャットです。その会話の中に「意識」というワードがあって、とても興味を持ちました。

なぜ、「意識」という言葉に惹かれたのかというと、高校時代が楽しくなかったからかもしれません。自分の周りは楽しそうにしているのですが、自分だけは周りになじめず楽しくありません。それは、ひと言で言ってしまえば、たまたま僕の性格とか、親の影響だとは思うのですが、周りが悪いせいで自分が楽しくないとは僕は思っていませんでした。

僕はこう考えました。たぶん、僕が面白くないと思っているのだから、自分の意識の問題なのだろうと思ったのです。そうであるなら、ここはあまり難しく考え過ぎないで、楽しいことに目を向けていれば楽しくなるのではないかという、意識の差なのではないかと思ったのが、意識について気づいた最初でした。

これがセルフ・ヒーリング実践研究会に入会しようと思ったきっかけにつながりました。会員になって学んでいくと、これまで大学でもどこでも教えてもらうことのなかった概念に触れることができ、単純にとても面白いと思ったのです。

授業に出るときには、必ず一つでもいいから質問できるように話を聞こうと思っています。雅先生から、いい意味で質問の観点が独特かつ個性的だと言われています。

雅先生に指摘されているのは、僕は自分に正直なのですが、人が介入してくると「うーん」と考え込んでしまうタイプだという点です。

そのことが判明したのは、絵を見てどう感じるかを答えるというアクティビティを行ったときでした。部屋にいろいろな絵が飾ってあるのですが、「その絵を見て、ただ単純にどう思いますか？」と雅先生に聞かれたときのことです。

僕は絵を見て、自分の意見はすぐに言葉にできるのですが、「この人の第一印象は？」と、人が介在していると表現することをためらってしまいます。

一つの絵を見たときの感じ方は一人ひとりみんな個性によってまったく違うので、自分だけの範疇で自分だけが感じたことをパッと感覚的に表現すればいいだけなのですが、人が関わってくると、絵の観賞どころではありません。

「この人を見て第一印象でどういうふうに見えますか？」と聞かれると、こんなこと言ってもいいのかなと、割と周囲を気遣って考え込んでしまうタイプなのです。自分の意識の範疇でコントロールすればいいだけのことなのですが、まだ自分の中の意識との対比というところが未熟のようです。

いずれにしても、まだ始めたばかりなので、自分の意識をコントロールし、見つめることができるよう、実践を続けたいと思っています。

それでも、1回目と2回目とでは、雅先生から雰囲気や表情が全然違うので、実践していることがわかると言っていただきました。自分ではわからなかったので、そのときは自分の意識を意識する実践がうまくいっているのかと思い、大変うれしかったです。

会員のある人は、自分の本心と邪心の使い方、コントロールの仕方を実践しているとのことでした。本心はいいもので邪心はいけないものとして決め付け、邪心を使っている自分は駄目な人間なのだと自分をおとしめていると、どんどん自分の居場所がなくなっていく感じがするので、邪心の使い方のコントロールをしているのだと言っていました。

僕の場合は、「意識の実践」が今の課題となっているわけです。

そして、僕も自分の中のネガティブな感情、邪心を非としないこと、邪心は駄目だというように頭ごなしに思い込み過ぎないということも、普段から意識しているところです。

雅先生に、僕は自分が疑問に思ったことに対して、絶対に妥協せず、とことん追究しようとするところは素晴らしいと褒めていただきました。

＊心が寛大なほうが生きてて楽しい

研究会の会員の中には僕と同じ世代の人も結構いますから、話も合って本当に楽しいです。自然に仲間として話ができるという感じが好きです。

そんな仲間は、みな好奇心旺盛な人が多く、次はパラレボのここが知りたいなどという目標みたいなものがあるようですが、僕は前述もしたように、自分の意識と向き合うことを実践中で、とくに次の大きな目標は決めていません。そのうち良い意味で欲が出てくるかもしれませんが、それが今はとても楽しみです。

僕の母に、本心と邪心の話をしてみました。嫌な感情もポジティブに考えると意識は変わるというようなことを話しました。母は、納得はしていたようですが、「実際は難しいよね」という反応でした。

雅先生の「人生の目的」のお話を聞いたとき、「愛の人格者」というフレーズを、僕の中では「心の寛大な人」というふうに解釈しています。

寛大で心が広いほうが、普通に生きていても、絶対に楽しいだろうと自分は思うからです。そういった自分なりの解釈で今は授業を受けているところもあります。ですから、人生の目的を聞いたときも、まったく違和感というものは感じられませんでした。

本心と邪心の話からも、自分は寛大な人を目指そうと思っています。自分の目標というほどでもないかもしれませんが、人間として生きていく上での方向性のようなものが定まった感覚があります。

研究会のスタッフさんからも、僕は「どんな話を聞いても驚きませんね」というふうに言われたことがありますが、それは驚いていないわけではなく、もともと何事もすぐに否定するのはよくないという信条を持っているからです。

「地球を卒業」という話を聴いたときも、へえーっと驚いてはいたのですが、常に「百聞は一見にしかず」という思いがあるので、興味津々の気持ちが上回って一生懸命に集中して聴こうとしていたので、人から見れば全然驚いていないように見えたのかもしれません。しかし、まだまだ僕の知らない真理がたくさんあるのだと感じるたびに、次はどのようなことを知るのか楽しみな気持ちが生まれます。

＊一番の目的は再犯しないこと

僕の仕事の話をまた少ししておきます。僕はまだ補導員としては新人ですから覚えることもたくさんあり、忘れてしまって注意されるようなときの反省点は少なくありません。

でも、僕には目標とする上司がいます。学生のときに初めて施設見学に行ったときに紹介していただいた上司なのですが、現在、自分も中に入って実際に一緒に働いてみても、とても尊敬できるいい人です。

僕たち補導員の一番の目的は、入所者が再犯をしないように関わることです。

これは入所者にとっても、僕たち補導員にとっても、本当に大事なことですが、相手と一対一ということもあって、あくまで僕の中の価値観として話をしていくところに仕事のやりがいがあると思っています。

入所者には不遇な環境の人もいれば、そうでない人もいますが、みなそれぞれに、さまざまな経験をしている中で、僕たち補導員がこうあるべきだという話をしても、散々刑務所でも言われてきたでしょうし、態度に出さなくても「はあ、またか」という気持ちの人が比較的多いといえます。

どんなに補導員が一生懸命になったからといって、絶対にうまくいくということはなく、案外、裏切られることのほうが多かったりするのが実状です。

そのようなとき、自分の感情を出して相手に向かっていく、相手と対話していくということが大事なのだろうと、尊敬する上司を見ていて思っているところです。

また、社会的な自立のための仕事が見つかった時点で、補導員の仕事は終了するわけではなく、就労してからも仕事に専念できているかどうか、新しい生活が仕事も含めて軌道に乗っているかどうか、アフターケアも必要となります。

入所者の特徴として共通するのは、「依存」という部分かもしれません。

罪状はそれぞれに窃盗だったり、性犯罪だったりしますが、病的に自分で自分をコントロールできなくて、とうとうそこに行き着いたという人は少なくありません。これが、パラレボでいう心癖や魂癖なのかな、と思っています。生活歴や経済面など、いろいろ理由はあるのですが、薬物やアルコールへの依存だったり、ギャンブル依存症だったり、何かに依存してしまう人は本当に多いと思います。

入所者が前へ進んでいくには、その人の悪しき習慣を直すことが一番です。パラレボを少し学び始めて、より強く感じることは、その悪いクセを直すためには、入所者の心や意識の部分が大きく関わってくると感じています。その人がこうなってしまった「動機は何か」ということは非常に重要ですので、話をしていく中で、心や意識の部分を少しでも見つけて自分自身も「愛の人格者」に近づけたらと思っています。

*心の話をする場所があった

僕がセルフ・ヒーリング実践研究会に参加したのは、実は勉強したいという理由は2番目で、1番目の理由は自分のアウトプットの場が欲しいということでした。

どういうことかというと、普段、職場以外の人との付き合いができるこれといった場というものがなく、できれば心置きなく話せる人たちがいる場所を探していたというのが正直な理由です。

職場では、世間話や仕事の話はしても、なかなか心の話などする余裕もなければ、そういう話題を好む人がいるとも限りません。むしろ、いないほうが多いのではないかと思います。他の会員の人たちも、若い人たちはとくに、心の話などする場所はないと言っています。だから、この研究会に引き寄せられたのだと思います。

ですから、会員になって本当によかったと思っています。さまざまな話題について、語り合ったり、映画を観にいったり、誕生日会を催したり、飲みにいったり、職場の人とは話せないようなことを話せる場所ができたことは本当にうれしく思っています。

また、心の話をする場所とともに、心の話をする仲間ができたことは喜ばしいことです。それぞれが思うことを共有してわかち合うというところに、みんな意識していないかもしれませんが、向上心をかき立てられているように感じています。

僕は自分なりに心の寛大な人になるということを目標にしていますが、それは、「愛の人格者」になるという理想像につながっているわけです。

それぞれの個性に基づいて、それぞれが一人ひとりを認め合って、集まっても変な腹の探り合いなどもなく、和気あいあいと、ここでは何を話してもいいという安心感のあるところが、一緒にいて居心地がいいのだろうと思います。

＊個性を認めることが、人を相手にする仕事の大前提

人を相手にする僕のような仕事は、相手の個性を認めるということは大前提だと思います。僕は新人なので、今はまだ上司と二人で入所者と話をします。

補導員は昼夜を問わず勤務しますから、夜の泊まり番は交代制です。泊まり番は一人なので、そういうときは、必然的に入所者と僕一人で対応します。

研究会で学んだことは、本当に役に立ちそうで心強いです。

「個性を認める」とはどういうことかと聞かれれば、自分流に言えば、やはり相手に対して寛大になるということになるかもしれません。研究会で学んだ言葉では、「理解するという努力をすること」だと思っています。

高校のとき、剣道部に所属していたのですが、孤立感のあるクラスにいるよりは、部活の空間のほうが自分の居場所があるようで好きでした。剣道部に入ったのも、部活体験のときの先輩が優しそうだったからで、小さいころから剣道をやっていたわけでも、特別に剣道に思い入れがあったわけでもありません。

入部してからも、やはり先輩は普通に優しかったので、叱られたり、慰められたりしても、部活動をしているほうが、クラスにいるより居心地がよかったからです。勉強が嫌いというわけではなく、断然、クラスの人間関係に壁を感じていましたから、剣道部の先輩には感謝したいと思います。そのような経験を通して、やはり個性を認める、認め合うということが、愛を感じるということなのかなと感じています。

*「自分を守る動機」と「相手を愛する動機」

先に少し述べましたが、僕は威圧的な人に対して自分の中に怖いと思うところがあって、それが仕事に不安を感じるところでもありました。

具体的なところでは、例えば、入所者が寮の規則を守らないというときに、当然ながら規則を守るようにアプローチをしていかなくてはなりません。普通の人でも規則を守らないような人にアプローチするのは若干ためらいがありますが、背後にある経歴を思うと、まだ経験の浅い僕はどうしても躊躇《ちゅうちょ》してしまうのです。

ですので、雅先生に「威圧的な人を前にすると、自分がどのように振る舞ったらいいのかわからなくなります。そういうときは、どうしたらいいのですか」と尋ねてみたのです。

するとと、雅先生はこう答えてくださいました。

「動機が自分は傷つきたくないというところにあると、それなりの行動になるけれど、動機がこの人のことを愛したいというところにあるなら、怖がる必要はありません」

雅先生はさらに続けて、

「もし、相手が攻撃的な態度に出たとしたら、人はバランスを取るために自分を守ろうとする意識が働きます。でも、あなたが『人生の目的である愛の人格者になるため』に、この現象を必然として捉えているのであれば、そこをどのように凌駕《りょうが》するかで、愛の人格者に近づくか後退するかが決まります」

と、説明してくださいました。そして、僕に質問されました。

雅先生「怖いといって、結局、自分を守ろうとするエゴであれば、それは愛の人格者になるでしょうか？」

僕　「なりません」

雅先生　「そうですよね。では、どうすれば『愛の人格者』になれるかというと、もし、自分が相手の立場だとすると、自分はどう言ってもらえば納得するだろうかと思いを巡らすのです。その上で、もし自分が相手の立場、事情に立っていたとしたら、どういうふうに言って差し上げたらこの人は自立することができるのか、愛の方向に進むのか、愛を感じるのかということを考えてあなたが行動したり、助言してあげたりすることが、結果的に自分を守るのではなく、その人に愛を与えると同時に自己慈愛につながるのですよ。

つまり、重要なのは動機なのですよ。もし、自分が相手だったらどうされたいのか、そして自分は、愛したいのか、はたまた自分を守るのか、それとも相手のために自分自身が、今このときに何かを与えたいのか――。だから、動機がすべてなのです」

このように教えていただきました。僕が前項で、入所者が再犯しないように思いやるとき、動機が重要だと述べたのは、この雅先生との会話があったからなのです。

＊ＳＳＴ（社会生活技能訓練）を行いながら

規則を守れない入所者には指導していかなければなりませんが、毎回規則を破る人はまずいません。「今日は、あなたの番ですよ」というようなレベルで始まって、忘れていたかどうかは別として、言われれば本人も動くということがほとんどです。

前述しましたＳＳＴ（Social Skill Training＝社会生活技能訓練）という実生活訓練のプログラムは、実際の場面を想定して、もし、人から頭ごなしに言われたときでも、いきなり暴力的な行為に出ないために、どういう考え方をすればいいのか、などというメンタルな面を重視して行われます。そういう意味でも、研究会で学ぶことは心や意識という目には見えないメンタル以上のところですので、勉強して実践することが大切と教えてもらっている以上、この仕事は実践しがいがあると思っています。

僕はセルフ・ヒーリング実践研究会に参加したときと、更生保護施設に新人として働き始めたときがほぼ同じ時期です。どちらの場所からも学ぶことは多くあります。どちらからも自分の心にインプットしていきながら、いざという場面では研究会で学んだことをアウトプットできるように、これからも精進していきたいと思っています。

鈴木良太郎さん（仮名）の場合

自分を変えるためにパラレボを追究する

*就職に迷い、自分を見つめ直したときに遭遇

僕がセルフ・ヒーリング実践研究会を知ったのはSNSの投稿記事でした。ちょうど就職について迷っているときで、自分を見つめる時間が増えていたときでした。投稿記事の「人生の目的」「意識」という言葉に惹かれてパラレボに興味を持ったのでした。

僕の母も以前から精神世界に興味があって、講演会に足を運ぶ機会がありました。母と一緒に家族も講演会のある地まで出かけていって、母が講演を聴いている間、その周辺の観光施設などを見て回って楽しんでいました。

僕はまだ小学生でしたが、母はたまに講演会の内容などを、ほんの少し話してくれることがありました。その内容は、子どもが親を決めて生まれてくるとか、生まれる

前に自分のロードマップを描いているなどという話でした。

おそらく、まだ小学生の僕に難しいことを話しても理解できないと思っていたと思います。今では僕が母にパラレボについて話すことがありますが、まだ自分が理解していない部分もあって、うまく母に説明できていません。

僕はパラレボに興味があり、教室や講演会によく通わせていただいています。

パラレボについて知った当初はなんでも新鮮でとてもやる気がありました。ですが、たまに忙しかったり大変なときは面倒くさいなというときもあったりします。

「忙」という漢字は「心を亡くすと書く」と教えていただきました。そんな心を亡くしているときに「人生の目的」などを意識すると心が少し穏やかになる気がします。

自分もまだまだできていないことの方が多いですが、日々忙しいと感じるときは少し心の部分を意識をしてみると良いということを学びました。

★満たされない自分を変えたい

家族は父母の他に姉と妹がいますが、母や姉や妹は、普通は目に見えないとされているものが見えるときがあります。父と僕には見えません。僕がこの研究会に参加した理由は、それは一体何なのか、どうして見えるのか知りたいという気持ちも少しありました。

しかし、それは一番の理由ではありません。自分に満たされないものがあるというか、自分を変えたいという気持ちがあったからです。

何といっても就職活動が始まったとき、自分に自信がなかったり、すぐに恥ずかしくなったりして、ここで自分というものをアピールしなければならないというときに限って思うようにうまくできません。

このままでは駄目だという気持ちが自分の中に強く生まれたときでした。SNSの投稿記事を読んでいて「意識」というワードに惹かれたのです。自分の悩みは、おそらく自分の意識の持ち方に問題があるからではないか、というところにつながったからです。

僕は前項でも述べたように、この研究会のいろいろな教室に顔を出して勉強させてもらっています。女性のほうが人数としては多く、男性は全体の2割ほどです。ですから、僕もその少数派です。

賢い女性をつくる会――「ボロンの会」と、賢い男性をつくる会――「アークの会」というのがあります。そのアークの会にも出席していますが、男性は20人弱です。

雅先生がこのようにおっしゃっていました。

「パラダイム・レボリューションの概念は、すべて情動を言葉にしているのであって、けっして言葉あっての情動ではないのです。そこが一番重要なところと言っても過言ではありません。ですから、知的な理解だけでは到底及ばない部分があります。

どちらかというと理論的な男性がパラレボを真摯に学ぶということも、とても必要なことで、素晴らしいことかもしれません」

*同じことに関心を寄せる仲間がいる

パラレボを学んでいて、「ゼロ」の理論のところでは当初は難解でした。「今の初めと今の終わり」のところが理解できず、疑問に思っていたのです。

でも、宇場先生の講演会を何回か聞いているうちに、まったく深い理解ではありませんが「今の終わりが過去をゼロに究極に近づけたもので、今の初めが未来をゼロに究極に近づけたもの」というところで腑に落ちました。

研究会を知ったきっかけは就職に迷っていたときで、自分を見つめる時間が増えていたため知ることができましたが、研究会では同じことに関心を寄せる仲間がいて、何より同じ目的観を持った仲間と過ごすことができる時間がとても貴重だと思うようになり、会員になって本当に良かったと思っています。

目には見えない心の話とか、人生の目的の話など、友達にちょっと話してみても、あまり関心はないようなので、以前は誰ともこのような話をすることはありませんでした。ですが、研究会へ来れば、同じ年ごろの人たちと同じような悩みも、疑問に思っていることも、気を遣うことなく話し合えますから心が落ち着きます。

就職すると、パソコンのプログラミングの仕事をすることになります。ですが、もともと地球環境学のほうに興味があり、そちらの道に行くつもりでした。でも今では研究室でパソコンを扱っています。

パソコンのほうも少しは楽しくなってはきているのですが、今のところ、僕はまだAIについてなど理解できてはいません。すべてはこれからです。

＊生物学から物理学へ

そもそも、僕が物理を勉強しようと思ったのは高校のときでした。それまでは生物が好きで、ずっと勉強していました。なぜ、生物から物理に変更したのかというと、次のような経緯があったからです。

子どものころに地球温暖化を知って興味が湧き、この地球の状況を改善できるような研究に携わりたいと思い、地球環境についての勉強も始めました。

実は初めのころ、僕は、地球温暖化はＣＯ^{2}（二酸化炭素）が原因だと思っていました。もちろん、CO_2も関係はありますが、勉強していくうちにCO_2だけではないことがわかりました。

今では、CO_2、メタン、フロン類などをまとめて温室効果ガスといい、この温室効果ガスが、産業活動が活発になることによって大量に排出され、大気中の濃度が高まって、地上から放射される熱の吸収・再放射が増加した結果、気温が上昇しているというのが、一般的な地球温暖化のメカニズムといわれています（気象庁資料、環境省資料参考）。

しかし、僕は勉強していくうちに、宇宙からの影響が強いということがわかってきたのです。つまり、その影響は太陽であったり、銀河が衝突して爆発したときに飛来してくる物質であったりするのです。どうも、そちらのほうが原因としては大きいようなので、僕は、そちらのほうに焦点を当てたいと思い、母の知り合いと一緒に、雲やエアゾルなどについて研究発表している大学の学会にも参加しました。

ところが、それまで生物が大好きで勉強していた僕でしたから、宇宙を勉強するということになると、生物ではなく物理を勉強しなくてはなりません。

実は、物理は得意ではありませんでした。それでも宇宙と地球温暖化の関係を勉強したいと思い、物理を選択したというわけです。興味があれば、たとえ苦手な分野でも進む勇気が自分にはあると思います。

大学を卒業したら、仕事はコンピューター関連になりますが、これまで地球環境と宇宙との関わり合いというのが僕の一番の命題として大学も選びました。

でもパラレボに出会ってから、地球環境というのも、パラレボに比べるとなんだか小さいことに見えてきて、実のところ、もうパラレボだけを勉強していきたいというのが本音です。

大学の物理の授業が想像以上に難しく、地球環境についての研究をする道を諦めたとき、やっぱり生物を選択すれば良かった、今までのことはすべて無駄だったなと考えていました。ですが雅先生からは、「物理をやってきたからこそ、そういうふうに思えるところもあるのだから、人生で無駄なことは本当に何一つないのですよ」と言っていただき、これまで勉強してきたことも残念に思うことが少しなくなりました。

＊パラレボを学んで変わったこと

パラレボを学び始めて1年ほどが経ちますが、振り返ってみて変わったことはいくつかあります。その一つは自己否定が前よりも少なくなったということです。以前はずっと過去に縛られている状態で、どうでも良いことから打ち明けづらいことまで毎日思い出し、そのたびに不快な感情に苛まれていました。そして、そういう自分やそのときの自分が嫌いだったのです。

ですが、そんな自分のことを許し、愛することを意識できるようになり、今では少しずつ後悔しない生き方ができていて変わったなと感じます。本当に感謝です。

最後に、一番変わったと感じたことは家族との関係です。高校生時代、長い受験期間を経て、晴れて卒業し独り立ちするとき、お世話になった両親にきちんとしたお礼も言わず、飛び出すように家を出ました。

そのときは両親のことが鬱陶《うっとう》しく、早く家を出たくて仕方がなかったのです。受験のこともあり、家では自分の部屋に引きこもり、干渉してくる親とよく喧嘩をしていました。

そんな日常の中、新居の家具を買うことになり、母親と二人で家具屋さんに買い出しに行くことになりました。本来はワクワクで楽しいはずの雰囲気を、自分は冷たい感じでぶち壊してしまいました。その帰り、車の中で母親は泣きながら「ただ良太郎と楽しく話したいだけなの」と自分に言っていたのを今でも覚えています。

そんなことを言われたとしても、当時は母親のことがどうしても好きになれなかったのです。

でもパラレボを学んだ今はどうでしょうか。親と子の加害者、被害者の関係から自分は両親に対して前世加害者だったことを知りました。そんな加害者の自分を愛し、育ててくれたことを思えば、自分はいかに愚かだったかに気づきました。

今では母親に打ち明け話をし、コミュニケーションをとっています。そして、姉妹とも仲良くなり、妹とは実家に帰ると毎回二人でカラオケに行き、姉とはよくご飯に行くようになりました。

父とはあまり話しませんが、仕事熱心で大きい背中だと感じるようになりました。おばあちゃんは相変わらず元気で、昔からよく喧嘩をしますが、本当はとても仲がいいパートナーだと感じています。おじいちゃんは無口ですが、背中で語るという言葉がぴったりの本当に昔からかっこいいおじいちゃんです。

この関係性は、パラレボを学ぶ前には想像すらできませんでした。

こうして振り返ってみるとパラレボを知った後では家族関係がよくなり、今では実家に帰るのがとても楽しみになっています。まだ不快な感情は出るものの、それを凌駕していき最大の親孝行として自分自身が両親を超えられるように精進していきます。

小沢真沙代さん（仮名）の場合

心が軽くなって、「ノー」が言えるようになった

＊「愛の人格者」という言葉がヒット

女性専用のSNSで知り合った女友達に、何が好きか問われて、「哲学って好きなんですよ」と返したら、その友達も好きで話が合うということになり、「今、近くの教室でやってるから行かない？」と誘われて行ってみたのが、セルフ・ヒーリング実践研究会が行っている教室のうちの一つ、「プチボロンの会」でした。

プチボロンの会は、毎月行われている「ボロンの会」の体験版のような会でした。女性自身が持っている素晴らしいエネルギーに気づいて、さらに磨きをかけるノウハウを学ぶのがボロンの会で、どちらも女性限定の教室です。

そのときは、「人生の目的」のお話がちょうど終わるころに入ったので、「人生の目的」のお話を聞くことはできず残念でしたが、入室したときから居心地の良さを感じ

取りました。

教室のホワイトボードに書いてある「愛の人格者」という言葉に感動もしましたし、とても面白そうだと直感しました。

そのとき自分が描いた「愛の人格者」は、人に対して思いやりがある人、人に対して安心感を与える人、そういったイメージでしたが、自分もそういう存在になれたらいいのにと思ったのです。

ですから、私は研究会に参加して本格的に勉強するようになりました。

勉強していくにつれ、私は、自分に対して正直ではなく、相手の目を気にしたり、相手中心の考えになりすぎていて、自分を愛せていなかったことに気づきました。

私は今まで、人に対してイライラしたりすることがあったのですが、愛の心を意識して持とうとするようになって、いらだった気持ちもだんだんと静まっていくばかりでなく、なくなっていくようになったと思います。

すると、前よりも生きやすくなって、少しずつではありますが、心に余裕が持てるようになりました。毎日の生活においても、本当に過ごしやすくなったと思います。

＊人間関係で行き詰まり

私は小さいころから人見知りがひどく、人と話すことができない、かなりの引っ込み思案でしたので、あまり人と関わりを持たないで過ごしてきました。

研究会に入ってから雅先生に、「お話し上手だし、とてもよく笑うし、笑顔もすてきだし、そんなふうに思えませんね」と言われました。

確かに大学に入ってから、アルバイトもして、いろいろな人と関わってきたおかげで、中学・高校のころよりは話せるようになってきていると思います。

子どものころに興味があったのは、花を見ることです。母がガーデニングをしていたので、庭で育てた花をよく見ていたのを覚えています。

哲学に興味を持ち始めたのは中学生のときでした。「自分はどうして生きているのだろう」と思い始めたのが哲学的なことを考えるきっかけだったと思います。

ところが、本を読んでも、ネット検索しても、私の問いに対する答えは出てきません。答えがわからないと余計に知りたくなりました。成長するにつれ、もっと詳しく知りたいと思うようになり、図書館が好きなので、学校の図書館で哲学関連の本をよく借りて読みました。

ところが、これまで私が読んだ本の中には、ヒントはあっても、「どうして生きているのか」という問いに対する答えはやはり見つかりませんでした。「人と関わる上での価値観とは？」「人とのわだかまりをどう解消していけばいいのか？」「先入観をどのように払拭するのか？」などということが書かれたものが多かったと思います。

そのような本を読んだ後の感想は、なんとなく表面的に、心の部分に少し触れられたような感じしかせず、自分の中のもやもやしたものを消し去るには至りませんでした。

実は、中学生のときに、「自分はどうして生きているのだろう」と思い始めたのは、ひどい嫌がらせを受けたからでした。

答えが出ないまま、疑問を解消できないまま、高校生になりました。

スランプを乗り越えるといっても、人に頼ることが苦手だったので、苦しくても人に打ち明けるとか、相談するということができませんでした。

ですから、なんとか自分で解決しようとしたのですが、その方法も手段もわからないので、ただ悶々とし、でも淡々とやるしかないと思って過ごしてきました。

それでも、「人生の目的ってなんだろう」とか、「なんで生きているのだろう」とか、自分がぶちあたった壁から逃げなかったことで研究会に巡り合うことができたのですから、あきらめずに探し続けてよかったと思っています。

*邪心を意識する実践を行うと気持ちが落ち着く

これまでの人生で、友達と「何のために生きているんだろう?」などと話し合ったことなどありませんでした。そんなことはまったく考えないというふうな友達が多かったので、話題にすらならなかったのです。

ですから、セルフ・ヒーリング実践研究会の教室に来て、同世代の人もいて、これまで話題にすることを我慢していたことについて話せるのは、とてもうれしいです。

これまで話題にしなかったのは、相手に自分が変わっている人と思われないかとか、「この子、大丈夫なのかしら」という見方をされるのではないかという不安があって、自分から話を切り出す勇気が持てなかったからです。

会員になってから相模大野の教室に行ったとき、本当にいろいろな人たちがいるのだなと改めて思いました。でも、共通して言えることは、どの教室の場も本当に雰囲気が良く、皆さんとても優しい人ばかりということです。私はこれほど、居心地がいいなあと感じた場所はありませんでした。

自分の知りたいことを、知ることのできる場所が見つかったと確信したのです。

高校の授業で出てきた「宇宙」に興味を持ったことがあります。星について勉強したときも、とても面白いと思いました。

ですので、大学の選択科目では、宇宙系の授業を取っていますが、やはり面白く、無限に広がるキャパシティに感動し、自由な宇宙に近づきたいと思いました。

雅先生からは、勉強し続ければ絶対に近づけますから、実践して努力するのみだと励ましていただきました。

私が今、一番実践していることは、自分は邪心を使いやすいので、どのような邪心が出たのか、そして、どうやって本心にするのか、という自分の気持ちに気づくということに取り組んでいます。

そうすると、心が落ち着けるというか、今、私はこういう気持ちなのだということに気づかされます。そして、気づくということは自分の意識を自由に使うことにおいて、本当に大切なことだと思うようになりました。

邪心ということ自体も、今まではあまり感覚的になかったと思います。これまでは、ただ自分の感情に振り回されているという感じだったので、今のように、邪心を意識して心を落ち着かせるということはしていませんでした。

私の中に邪心が出てくるのは、マナーがなっていない人、人に迷惑をかけるような人を目にしたときです。正義感が強いのか、そういう人を見ると、強く抗議したい衝動に駆られるのです。

でも、最近では、「あ、邪心だな」と自分の意識に気づけるようになってきました。

これも実践のおかげです。日々の生活の中でも、心が落ち着いているときが多くなったようで、「愛の人格者」に近づく感覚が少しずつ感じられるようになってきました。

*自分の気持ちに素直になれた

恋愛の悩み相談のようなことを、友達同士で話すことがあります。好きな人のことで悩んでいるときに、「どうしたらいいんだろうね」などと、お互いアドバイスをし合ったり、話を聞いてあげたりします。

教室で「愛のペアーシステム」の話を聴きました。男性のエネルギーに気づけば、女性は女性の立場としてのエネルギーに気づけるから、そうすれば、接し方も変わるというお話だったと思います。

意識して過ごしていると、小さなことではあるのですが、前よりもずいぶん違ってきたように思います。例えば、その結果、相手のことを考えながら、行動できるようになったり、話したりするようになり、その結果、自分の気持ちにも素直になることができるようになったので、少し変わることができたのだと思います。

私たち女性が持っているのは、「愛と統合と融和と創造」ですから、せっかく女性として生まれたのなら「愛したい」という感覚を大切にすべきだと雅先生に教えていただきました。

また、「月と太陽」のお話も聞きました。月は自分で光ることができず、太陽の光によって月は光ることができます。このことからパラレボでは、女性は持っているエネルギーを意識することで太陽になり、男性を月のように輝かせていくことができると教えていただいています。

このように、女性はそういう存在なのだということが大変勉強になったので、できれば自分が太陽になって光を与え、相手のすてきなところを輝かせられる人になりたいと思います。そして、その気持ちを大切に育てていこうと思います。

雅先生にそのようにお伝えすると、「大きなことをする必要はまったくありません。小さいことの積み重ねがとても大切なのです。毎日のその小さな積み重ねが大きく花開くときが来るのですよ」と教えていただきました。

また、私は忙しくなると気持ちに余裕がなくなるので、そういうときは、あえて一度、自分の気持ちをよく見て、心に余裕を持たせるように意識しています。

この研究会に参加して、自分の気持ちに素直になれたということは、自分にとってとても大きいことです。

それまでは、人に嫌われたくないので、周りに合わせようとしていましたが、研究会に来ると、自分の価値観や考えを自分の言葉で話しても、みんな受け入れてくれるので、自分の気持ちを素直に伝えられるようになったのだと思います。

*箱根の勉強会に行って心が軽くなった

セルフ・ヒーリング実践研究会に参加して、まだ4カ月ですが、4カ月前の自分と今の自分では生まれ変わったような感じがします。とくに箱根の勉強会へ行く前と後で心の軽さが違ってきたのです。

普通に生活をしていると、肉体的に目で見えることばかりに終始してしまうので、心や意識、そして真性の存在、目に見えないものを見る感覚など、これまでの生活では考えられない、すてきな世界が見えてくるところがすごいと思います。

昔から感受性が強いと言われていて、中学のとき、学校の先生から「目に見えないものに対する言葉の表現が新しいね」と言われていました。国語の授業で、虹や雨や空など天気に関わることを詩に書くのですが、自分の気持ちと天気をかけ合わせた表現が独創的だったのかもしれません。

今から思えば、空や天気などに興味が向くところが、宇宙に意識を向けるようになるというところに、つながっていたのではないかと思います。

母は手先が器用で、裁縫でも、料理でもなんでもできて、アーティスティックなところがあって、私は尊敬しています。性格としては、愛嬌《あいきょう》はありますが自分の言いたいことはズバッと言える人だと思います。信念が強いというか、自分の考えをしっかり持っているのだと思います。

雅先生にこのようにお伝えすると、私自身と似ていますねと言われました。確かに私も信念は強いほうで妥協しないタイプですから、似ているのかもしれません。

自分の性格が母に似ているとは、自分ではあまり思わなかったのですが、職人気質とまでいかなくても、こだわりを持っているので、雅先生から「これまでの人生、人に合わせるのがつらかったですね」と言われ、それも確かにそうだと思いましたが、雅先生はさらに続けて、「でも、それが少しずつなくなってきたかもしれませんね」と言われました。

それも確かにそうなのです。自分が勝手につくっている壁というものがこれまではたくさんあったのですが、周囲は自分が思っているほど、生きづらい壁だらけではないということがわかりました。

それがよくわかってきたのは、箱根の勉強会に行って、心が軽くなってきたからです。

*「ノー」と言える自分になった！

パラレボを勉強するようになって、もう一つ自分が変わったと思えるところがあります。それは、「ノー」と言える自分になったことです。

私は人から嫌われるのを恐れて、なんでも「イエス」と言って周りに合わせてしまうところがありました。でも、本当は断りたくて、承諾したあとも、ちゃんと言ったほうがいいのかしらと、後々悩むことがあったのです。

パラレボを学ぶようになって、やっぱり、自分の意思を大切にしようと思うようになり、「私はこう思うので、ごめんね」というような感じで断ったら、「ああ、わかった」と、相手はさらりと了解してくれました。

意外と大丈夫だったので、言ってみるものだなと、そのとき初めて思いました。

このようなときも、自分は少しずつ変わってきていると実感しています。

他にも、小さなことですが、私はアイスクリームが好きで、食べたいと思ったらすぐに食べてしまうところがあります。でも、体重をキープしたいこともあり、これは肉体があるからこその欲求なのだと思い直し、アイスを食べたいという欲求が起きたら、肉体と心を別々にして意識することを少しずつやっています。

私がすぐに実践するのも、これまで実践すれば必ず変化を感じているからです。自分の嫌なところが変化していけば、それはとてもうれしいことです。「ノー」が言えるようになったことも、以前の私と比べれば、別人になったくらいの驚きなのです。

おわりに

――「愛する」ということを強く伝えたい――

さまざまな場面を用意して、生きる意味を問うてきましたが、生きていく中で、とくに私が大事にしたいと思っていることは、「愛する」ということです。

なぜならば、結局のところ、この地球上で起こりうるすべての諸悪の根源は、愛の枯渇からくるものだからです。

どんな人にも、自分自身がこの世に誕生する際に、接点としてご両親の存在があります。こんなにもたくさんの人間が存在する中で、自分自身の課題に基づいて自分自身が両親を選びました。

この世の中に存在している地球人は全員、最初は加害者として罪の償いをするために生を受けたということであり、地球には加害者しか存在していないということなのです。

しかし、自由法則ゆえにそんな記憶や決意は生まれたと同時に消えてゆき、自分自身が欲しいと思う愛を両親からもらえないことが、結果的に愛の枯渇を生んでしまい、それが恨みとなって魂に刻まれてしまいます。

そして、親に愛を求めても、もらえないと思うと、次に愛をもらえそうな人をさまざまな魂癖や心癖によって世界中に探し求めて、求めて、求めて、求め続けるようなシステムに、この地球上は出来上がってしまっているのです。

個人が個人同士で愛を求め、夫婦が夫婦同士で愛を求め、民族同士が、民族同士が、国家同士が……、そして世界中が愛を求め合っているのです。ですから、戦争が絶えません。このままでは、永遠にこの地球上から、争いは消えてなくなることはありません。もう、こんな求め合うことによって起こりうる争いや戦争を人間はいい加減に歴史から学び、食い止めるべきだと思うのです。

そのためには、一刻も早く、この本を多くの若い方々に読んでいただきたいと思っています。

なぜなら、この世界は、多くの国により成り立っていて、国は多くの民族によって成り立っていて、民族は、多くの氏族によって成り立ち、氏族は多くの家族によって成り立ち、家族は夫婦という最小のコミュニティーがあって初めて成り立つからです。

人間は、たった一人では、感情は湧き起こりません。何か、対象があって初めてコミュニケーションが生まれます。この地球人の争いの諸悪である「愛を求め合う」最小のコミュニティー、それが夫婦なのです。

この、夫婦があっての子どもです。

ですから、本当の意味で、目的観を携えた夫婦が、互いに自身の愛のキャパシティを広げるための愛すべき対象として、妻は夫に、夫は妻に思いを尽くし、心を尽くします。そして常に「私は、あなたの喜びのために存在していて、あなたの喜びにより私は大きな喜びと愛を感じます。感謝します」という動機で愛の実践をしていく環境をつくるのです。その環境の中で、子どもを宿し、胎中生活の中で子どもの魂が、情操豊かな母親の想いの中で愛を感じて約40週を過ごします。

地球に産声を上げた瞬間から、常に愛を与え合う両親の背中を見て育った子どもが、また新しい与え合う夫婦を作り、また子を産み育て、その子どもがまた新しい家族を作る――。このような生命の連鎖を遂げることができたら、世界はいつの日か必ず与えたいと思い合える人でいっぱいになります。

そんな世の中が来るとしたら、まずは、自分自身から、変えていきたいと思うのです。

そして、これからの世の中を作っていく、結婚前の若い方たちの中に、この想いに賛同してくださる方が一人でも二人でもいてくださるのであれば、草の根かもしれないけれど、共にそんな世の中を作っていきたいと思っているのです。

私は、幼いころから、絶対に愛の情操豊かな夫婦となり、愛に満ちた家族を築いていきたいと心の底から思っていました。でも、大人になればなるほど、それはただの理想であって、難しいのではないかと思っていたときに、このパラレボの真理に出会いました。

そこで耳にしたパラレボの真理にある愛のロゴスの夫婦観を知ったとき、人生の目的をしっかりと携えた女性と男性であれば、絶対に愛情豊かな、愛を与え合う、愛の夫婦を作り上げていくことができる！　と、魂が感動したことを、今でも昨日のように思い出すことができます。

38億年という年月の間、私たちはずっと愛を求め続けてきました。その結果、愛とは何かと彷徨《さまよ》い続けて、輪廻を繰り返しては、また彷徨い、相変わらず愛を求めては、同じことを繰り返してきています。

地球の大きな転換点を迎えている今、これからの地球を担っていく若い人たちに、本当の生きる目的・意味を理解していただき、使命感を持って愛を与え合うことのできる夫婦と家族を、国家を、世界を作っていってほしいと思っています。

そして、何より大切なことは、夫婦を形成する一人ひとりという個人です。人を愛するためには、相手以上に、まずは自分の意識を大切に、愛することから始まります。

私という個性は、この地球広しといえど、唯一無二の、誰にも真似することのできない存在です。宇宙に目を向けても、自分という存在とまったく同じ存在はどこにも存在していないのです。このことをパラレボ理論では「個性芸術」といいます。

これまでの人生で、いろいろな経験を通し、辛く、苦しく、悲しいことも、嬉しくて楽しくて仕方がないことも、すべて、自分の意識によって生み出され、自分の意識によって存在してきました。それらは、善い悪いではなく、唯一無二の私の個性そのものなのです。私の意識によって生み出されたわけですから、生み出した本人にしか、そのことを理解することはできません。

だからこそ、自分のこれからの人生は、過去がどうであろうと、未来に何が待ち受けていようと、自分の今の意識でどうにでも変えていくことができるのです。どんな自分も丸ごと受け入れて、どんな自分も、唯一無二の大切な自分の個性として、丸ごと愛してあげませんか？　なぜならば、私が欲しい愛は、私以外、誰も与えることはできません。私にしかわからないのです。この自己慈愛こそ、人生の目的を達成するための一番の近道なのです。

そして、そんな自分を38億年間も、受容し続けてくれている真性という存在が、皆様の中に存在しているのです。それだけで、私は十分すぎるくらい愛されていると、パラレボ理論を学べば学ぶほど、強く感じています。

この本を最後までお読みくださった皆様、今一度、地球という枠組みを取っ払って、広大無辺なる宇宙大の愛とはなんなのか、もっと意識を広げ、想いをはせてみませんか？

本当の愛とはなんなのか？

本当の自分とは一体何者なのか？

宇宙は、常に、究極の愛へと永遠に方向付けられており、そこに近づけるパラレボ理論を心底学びたいと思ってくれる人たちに、これからもたくさん出会えることを、心より楽しみにしております。

結川　雅

〈著者プロフィール〉

結川 雅（ゆいかわ・みやび）

都内女子大を卒業後、大手旅行会社に営業事務として勤務。7年後、従来の人間の考え方の枠組みを宇宙の法則によって革命する「パラダイム・レボリューション（パラレボ）理論」に出会い、人生の本当の目的をより深く知るために退社。「セルフ・ヒーリング実践研究会」初代代表である亡き母・神代ゆうの遺志を継ぎ、2015年より講演会やカウンセリング、セミナーなどを通して「パラレボ理論」を広めている。著書に『運のいい子をつくる「自然流」子育て』（神代ゆうとの共著、幻冬舎）がある。

生きる意味を知らずに
大人になったあなたへ

2020年5月30日　第1刷発行

著　者　結川 雅
発行人　見城 徹
編集人　福島広司
編集者　小林駿介

GENTOSHA

発行所　株式会社 幻冬舎
〒151-0051 東京都渋谷区千駄ヶ谷4-9-7
電話　03(5411)6211(編集)
03(5411)6222(営業)
振替　00120-8-767643
印刷・製本所　近代美術株式会社

Printed in Japan
ISBN978-4-344-03622-2 C0095
幻冬舎ホームページアドレス　https://www.gentosha.co.jp/

この本に関するご意見・ご感想をメールでお寄せいただく場合は、
comment@gentosha.co.jpまで。